PRENTICE HALL

ECONOMICS

Principles in Action

Guide to the Essentials of Economics

SPANISH EDITION

PEARSON
Prentice Hall

Needham, Massachusetts
Upper Saddle River, New Jersey

PEARSON
Prentice Hall

1 2 3 4 5 6 7 8 9 10 08 07 06 05 04
ISBN 0-13-130801-7

To the Teacher

The *Guide to the Essentials of Economics, Spanish edition,* is designed to provide students with the most essential content in their high school Economics course in an easy-to-follow format. The text summaries and graphic organizers will help students organize key information. Vocabulary terms are highlighted and defined in the text narrative, as well as in the Glossary. A chapter test at the end of each chapter checks students' understanding of the basic content.

You may wish to use the *Guide to the Essentials* as a preview or review of the textbook chapters covered in the course, or as a summary of textbook chapters that cannot be studied in detail because of time considerations.

Contenido

Normas nacionales en economía v

UNIDAD 1 Introducción a la economía

Capítulo 1 ¿Qué es la economía? 2
Capítulo 2 Los sistemas económicos 6
Capítulo 3 La libre empresa en Estados Unidos 11

UNIDAD 2 Cómo funcionan los mercados

Capítulo 4 La demanda 16
Capítulo 5 La oferta 20
Capítulo 6 Los precios 24
Capítulo 7 Las estructuras del mercado 28

UNIDAD 3 Las empresas y los trabajadores

Capítulo 8 Organizaciones de negocios 33
Capítulo 9 El trabajo 38

UNIDAD 4 El dinero, la banca, y las finanzas

Capítulo 10 El dinero y la banca 42
Capítulo 11 Los mercados financieros 46

UNIDAD 5 Cómo medir el desempeño económico

Capítulo 12 El producto interno bruto y el crecimiento 50
Capítulo 13 Los retos económicos 54

UNIDAD 6 El gobierno y la economía

Capítulo 14 Los impuestos y los gastos gubernamentales 58
Capítulo 15 Política fiscal 63
Capítulo 16 La Reserva Federal y la política monetaria 67

UNIDAD 7 La economía mundial

Capítulo 17 El comercio internacional 72
Capítulo 18 El desarrollo económico y la transición 76

Glosario 81
Índice 89

NORMAS NACIONALES PARA LA ENSEÑANZA DE ECONOMÍA

En la siguiente guía se presenta la correlación entre las Normas nacionales voluntarias del contenido de cursos de Economía y el texto de Prentice Hall Economía: Principios en acción. Las normas fueron elaboradas por el Consejo Nacional de Educación Económica en conjunto con la Asociación Nacional de Maestros de Economía y la Fundación para la Enseñanza de Economía. En este cuadro se enumeran las normas para los grados 4 al 12, el concepto económico clave asociado con cada norma, y los capítulos en Economía: Principios en acción que tratan de dicha norma.

Norma del contenido	**Concepto clave**	**Capítulos**
Norma del contenido 1	Escasez	Capítulo 1
Norma del contenido 2	Costo de oportunidad	Capítulo 1
Norma del contenido 3	Sistemas económicos	Capítulo 2
Norma del contenido 4	Incentivos	Capítulos 2, 4, 5
Norma del contenido 5	Comercio	Capítulo 17
Norma del contenido 6	Especialización	Capítulo 17
Norma del contenido 7	Mercados y precios	Capítulos 4, 17
Norma del contenido 8	Oferta y demanda	Capítulos 5, 6
Norma del contenido 9	Competencia	Capítulo 7
Norma del contenido 10	Instituciones económicas	Capítulos 8, 10, 11
Norma del contenido 11	Dinero	Capítulo 10
Norma del contenido 12	Tasas de interés	Capítulos 11, 16
Norma del contenido 13	Ingresos y renta	Capítulo 9
Norma del contenido 14	Empresarios	Capítulo 8
Norma del contenido 15	Estándar de vida	Capítulos 3, 12, 18
Norma del contenido 16	Gobierno	Capítulos 3, 14
Norma del contenido 17	Políticas oficiales	Capítulo 15
Norma del contenido 18	Producto nacional bruto	Capítulo 12
Norma del contenido 19	Desempleo e inflación	Capítulo 13
Norma del contenido 20	Política monetaria y fiscal	Capítulos 13, 15, 16

CAPÍTULO 1

¿Qué es la economía?

SECCIÓN 1

LA ESCASEZ Y LOS FACTORES DE PRODUCCIÓN

RESUMEN DEL TEXTO

La idea **PRINCIPAL**

La economía es el estudio de cómo las personas escogen entre recursos limitados para satisfacer sus necesidades y deseos.

Las personas siempre tienen que tomar decisiones sobre cómo van a satisfacer sus necesidades y sus deseos. Una **necesidad** es algo que se tiene que tener para sobrevivir, como aire, alimento y techo. Un **deseo** es algo que se quisiera tener pero que no es indispensable para sobrevivir. La economía es el estudio de cómo la gente toma decisiones y escoge cosas para satisfacer sus necesidades y sus deseos.

La gente tiene que escoger porque hay **escasez**, o sea que la cantidad de bienes y servicios que hay en el mundo es limitada. Los **bienes** son objetos, como por ejemplo, un carro o la ropa. Los **servicios** son acciones que unas personas hacen para otras, como enseñar a un alumno o cuidar de un enfermo. Cuando es imposible conseguir un bien o servicio, se dice que hay una **carencia** de eso. Las carencias ocurren cuando a las personas les resulta difícil proporcionar bienes y servicios a los precios corrientes. Puede haber carencias debido a situaciones como guerras o sequías, y pueden pasar pronto o durar mucho tiempo.

Los economistas llaman a los recursos que se usan para producir bienes y servicios **factores de producción**. Estos factores son de tres tipos: tierra, trabajo y capital. La **tierra** incluye los recursos naturales como el carbón, el agua y los bosques. El **trabajo** es la labor por la cual una persona recibe un pago. El **capital** es un recurso hecho por personas; se usa para producir otros bienes y servicios. Los objetos hechos por las personas, como los edificios y las herramientas, se llaman **capital físico.** El **capital humano** se refiere a los conocimientos y habilidades que las personas adquieren con el estudio y la experiencia. Los **empresarios** son personas que juntan tierra, trabajo y capital para crear negocios nuevos.

PREGUNTA DE REPASO

¿Qué es la escasez?

SECCIÓN 2

EL COSTO DE OPORTUNIDAD

RESUMEN DEL TEXTO

Al tomar una decisión, la persona tiene ante sí una serie de **alternativas**, y cuando escoge un curso de acción en vez de otro, tiene que dejar de lado algunas de sus alternativas. Tanto las personas, como los negocios y los gobiernos tienen que escoger entre alternativas. La persona que escoge pasar más tiempo en el trabajo tendrá menos tiempo para estar en casa. El negocio que usa todas sus fábricas para hacer sillas no podrá hacer mesas al mismo tiempo. El país que decida producir más bienes militares tendrá menos recursos para bienes de consumo. Los economistas usan la expresión **rifles o mantequilla** para describir estas diferentes alternativas.

La persona que escoge una alternativa, deja de lado otras, o sea, renuncia a ellas. La mejor alternativa que se deja de lado se llama el **costo de oportunidad**. Por ejemplo, digamos que tienes que escoger entre dormir hasta tarde o madrugar para estudiar para un examen. El costo de oportunidad de estudiar más es tener menos tiempo para dormir. El costo de oportunidad de dormir más, es tener menos tiempo para estudiar.

Las decisiones también implican **pensar en los márgenes**. Quiere decir: decidir cuánto cuesta agregar o restar una unidad de cierto recurso, por ejemplo una hora de sueño. En el ejemplo de arriba, la decisión era entre dormir hasta tarde o estudiar. Pero también podemos escoger dormir únicamente una hora más y luego levantarnos a estudiar. Para tomar una decisión en los márgenes, comparas el costo de la oportunidad y la ventaja que representaría cada hora adicional de estudio.

LA IDEA PRINCIPAL

Cuando alguien escoge algo, tiene que dejar de lado otra cosa. La opción más deseada que deja de lado se llama el costo de oportunidad.

Pregunta de repaso

¿Qué es el costo de oportunidad?

SECCIÓN 3

GRÁFICAS DE POSIBILIDADES DE PRODUCCIÓN

RESUMEN DEL TEXTO

La idea **PRINCIPAL**

Los productores toman decisiones sobre cómo usar los recursos. Las gráficas de posibilidades de producción sirven para examinar los costos de oportunidad de estas decisiones.

Los economistas usan **gráficas de posibilidades de producción** para mostrar las alternativas para usar o aprovechar los recursos que tiene un país. Por ejemplo, quizás un economista quiera analizar la producción de calzado y de melones. En una gráfica de posibilidades de producción podríamos ver cómo el número de zapatos producidos se vería afectado por el número de melones que se cultiven. A medida que aumenta el número de melones, va disminuyendo el número de zapatos producidos. Esto sucede porque la tierra es escasa, y si se usa más tierra para granjas de melones habrá menos tierra para montar fábricas de zapatos. De igual manera, cuando se producen más zapatos, quedan menos recursos para cultivar melones.

Eficiencia significa que la economía aprovecha los recursos de tal manera que se maximice la producción de bienes y servicios. En el ejemplo de arriba, la eficiencia consistiría en producir el número máximo posible de melones y de zapatos. La línea en la gráfica que muestra la producción máxima posible se llama la **frontera de posibilidades de producción**. Si los obreros de las fábricas y los agricultores perdieran sus empleos, se producirían menos zapatos y menos melones. En este caso, la economía sufriría por la **subutilización**, o sea que usaría menos recursos de los que tiene capacidad de usar. Los recursos de un país siempre están cambiando.

En el futuro, los recursos pueden aumentar, lo cual hará crecer la economía. Si hay más personas disponibles, habrá más mano de obra para producir más bienes. Los adelantos en la tecnología y los conocimientos también ayudan a que la economía crezca. Este crecimiento se ilustra en la gráfica cuando la frontera de posibilidades de producción se desplaza (es decir, se corre) hacia la derecha.

PREGUNTA DE REPASO

¿Qué es la eficiencia?

Nombre ______________________ Clase ______________ Fecha ________

CAPÍTULO 1 *Prueba*

IDENTIFICAR LAS IDEAS PRINCIPALES

Escribe la letra de la respuesta correcta en el espacio en blanco. (10 puntos cada una)

____ **1.** La economía es el estudio de cómo las personas

A. calculan sus impuestos.
B. escogen entre sus recursos limitados para satisfacer sus necesidades.
C. responden a la guerra y la sequía.
D. adquieren conocimientos y destrezas con el estudio y la experiencia.

____ **2.** Las carencias se dan cuando

A. muchas personas están desempleadas.
B. suben los intereses.
C. se les hace difícil a las personas proporcionar bienes y servicios a los precios corrientes.
D. Estados Unidos importa más de lo que exporta.

____ **3.** Los recursos que se usan para hacer bienes y servicios se llaman

A. factores de producción.
B. producto nacional bruto.
C. frontera de posibilidades de producción.
D. costo de oportunidad.

____ **4.** Los empresarios son personas que

A. ayudan a solucionar conflictos laborales.
B. trabajan en la bolsa de valores.
C. juntan tierra, trabajo y capital para crear negocios nuevos.
D. producen todos los rifles y la mantequilla de un país.

____ **5.** El dejar de lado una cosa en favor de otra es

A. subutilizar algo.
B. escoger una alternativa.
C. usar el capital humano.
D. tener eficiencia.

____ **6.** Muchas veces los países tienen que escoger entre producir bienes militares o bienes de consumo. Los economistas describen esta alternativa con la expresión

A. exportar o importar.
B. economía de mercado libre.
C. bienes agrícolas o bienes fabricados.
D. rifles o mantequilla.

____ **7.** Pensar en los márgenes es tomar decisiones acerca de

A. maximizar los bienes y servicios.
B. invertir con dinero prestado.
C. agregar o quitar una unidad adicional de cierto recurso.
D. aumentar o disminuir los conocimientos tecnológicos.

____ **8.** El objeto de una gráfica de posibilidades de producción es

A. mostrar diferentes maneras de usar los recursos de una economía.
B. mostrar cómo una fábrica puede usar a sus trabajadores de diferentes maneras.
C. darles a los ingenieros una nueva manera de decidir cómo construirán las fábricas.
D. decirles a los agricultores cuántos melones han de sembrar.

____ **9.** El aprovechamiento de los recursos de tal manera que se maximice la producción de bienes y servicios se llama

A. eficiencia.
B. subutilización.
C. pensar en los márgenes.
D. crecimiento.

____ **10.** Las posibilidades de producción de un país aumentarán si

A. produce más rifles que mantequilla.
B. reduce sus costos de oportunidad.
C. escoge más cosas en lugar de otras.
D. aumenta sus recursos.

CAPÍTULO 2

Los sistemas económicos

SECCIÓN 1 *TRES PREGUNTAS ECONÓMICAS Y SUS RESPUESTAS*

RESUMEN DEL TEXTO

La idea PRINCIPAL

Todos los países tienen que contestar tres preguntas económicas clave al decidir cómo usarán sus escasos recursos económicos.

Como los recursos económicos son limitados, cada país tiene que contestar tres preguntas económicas clave. Estas son: 1) ¿Qué bienes y servicios debemos producir? 2) ¿Cómo se deben producir estos bienes y servicios? 3) ¿Quiénes consumen estos bienes y servicios?

Al contestar estas preguntas, la sociedad tiene que considerar sus objetivos económicos. En algunos países se les da más importancia a ciertos objetivos, por ejemplo, la libertad económica o la igualdad económica. Otros objetivos, como la eficiencia económica, son comunes para casi todos los países. Otros objetivos importantes son el crecimiento y la innovación. La economía de un país tiene que crecer para que se pueda mejorar el **estándar de vida**, es decir, el nivel de prosperidad.

Al tratar de contestar las tres preguntas económicas clave de acuerdo con sus objetivos, las sociedades han formado cuatro tipos diferentes de **sistemas económicos**. Un sistema económico es el método que emplea la sociedad para producir y distribuir bienes y servicios. La **economía tradicional** hace uso de las costumbres de la gente para tomar la mayoría de las decisiones económicas. Las personas crecen haciendo lo mismo que hacían sus padres, y son pocas las innovaciones y los cambios. En la **economía de mercado**, son las personas individuales quienes toman las decisiones económicas, con base en el intercambio o comercio. A las economías de mercado también se les llama economías de mercado libre. En la **economía de planificación central** la mayoría de las decisiones económicas las toma el gobierno. Hoy en día, la mayor parte de las economías son **economías mixtas**, es decir, son una combinación de los otros tres sistemas económicos.

PREGUNTA DE REPASO

¿Cómo se toman decisiones en una economía de mercado?

SECCIÓN 2 *EL MERCADO LIBRE*

RESUMEN DEL TEXTO

Ninguno de nosotros puede producir todo lo que necesita y desea. Los **mercados** existen para que las personas puedan cambiar las cosas que tienen por las que desean. Un mercado es una manera de organizar las cosas para que los compradores y los vendedores puedan intercambiar sus bienes y servicios.

Los mercados funcionan gracias al interés propio y a la competencia. **Interés propio** significa que los compradores y vendedores piensan en su propia ganancia. Es lo que motiva a los consumidores a comprar los bienes y servicios que desean, al precio más bajo posible. La **competencia** es la lucha entre los productores por conseguir el dinero de los consumidores. Mantiene los precios bajos ya que las empresas tratan de ofrecer sus bienes a precios que atraigan a los consumidores. El interés propio y la competencia obran juntos para organizar el mercado.

El mercado de factores y el mercado de productos son los dos componentes fundamentales del mercado libre. En el **mercado de factores**, las empresas les compran la tierra, el trabajo y el capital —los tres factores de producción— a los hogares. Las empresas alquilan la tierra, contratan a los trabajadores y les piden dinero prestado a los inversionistas. En el **mercado de productos**, los hogares les compran a las empresas los bienes y servicios que han producido.

El mercado libre le ayuda a la economía a alcanzar muchos objetivos económicos. Fomenta la eficiencia y la libertad económica, y promueve la innovación y el crecimiento. Sin embargo, otros dos objetivos económicos —la seguridad y la igualdad— son difíciles de lograr en un sistema de mercado puro. Muchas sociedades han modificado el sistema de mercado libre con el fin de lograr sus objetivos más satisfactoriamente.

La idea PRINCIPAL

El sistema de mercado libre, basado en el interés propio y en la competencia, tiene muchas ventajas para las sociedades en su afán por lograr sus objetivos económicos.

PREGUNTA DE REPASO

¿Qué es la competencia y qué función cumple en el mercado libre?

SECCIÓN 3

LAS ECONOMÍAS DE PLANIFICACIÓN CENTRAL

RESUMEN DEL TEXTO

LA IDEA PRINCIPAL

Las economías de planificación central tienen desventajas que no tienen las economías de mercado.

En las economías de planificación central, las preguntas económicas clave sobre producción y consumo las contesta el gobierno central y no los productores y consumidores en los mercados. El gobierno es dueño de la tierra y el capital. Controla adónde trabajará la gente y cuánto se les pagará. Decide qué se va a producir y a qué precio se venderán las cosas.

Socialismo y **comunismo** son los términos que se asocian con las economías de control central. Para los socialistas, el objetivo de igualdad económica es muy importante. Consideran que la igualdad económica solamente es posible si el público controla la economía. Los países socialistas pueden ser democracias. Muchos de los objetivos de los socialistas y los comunistas son iguales, pero los comunistas consideran que tales objetivos solamente se pueden lograr mediante una revolución violenta. En una sociedad comunista, las personas individuales carecen de libertad personal.

La que fuera la Unión Soviética fue un ejemplo de una nación comunista en la que el gobierno central controlaba la mayoría del poder económico y político. Bajo el sistema soviético, todos los trabajadores tenían empleo e ingresos garantizados. Las fábricas y las granjas agrícolas tenían que cumplir con las metas de producción fijadas por el gobierno.

Las economías de planificación central tratan de promover un crecimiento económico más rápido y una distribución más equitativa (o sea, igual) de los bienes y servicios. Pero estos sistemas casi nunca logran sus objetivos. Sin el incentivo del interés propio, los productores no tienen motivos para producir artículos de mejor calidad o en mayor cantidad. Resulta difícil para el consumidor satisfacer sus necesidades o deseos, y además se ve obligado a aceptar mercancía de mala calidad. Por otra parte, las libertades individuales también están limitadas.

PREGUNTA DE REPASO

En una economía de planificación central ¿quién decide cuánto costarán los bienes?

SECCIÓN 4 *LAS ECONOMÍAS MODERNAS*

RESUMEN DEL TEXTO

Ningún sistema económico es perfecto. Las economías tradicionales dan poca esperanza de crecer o cambiar. La economía de planificación central avanza lentamente y les da a los consumidores pocas opciones y poca libertad. Las economías de mercado tienen muchas ventajas pero también tienen limitaciones. Por ejemplo, los mercados no resuelven ciertas necesidades de la sociedad, como la necesidad de defensa, educación y vías de transporte rápido. Los gobiernos dan soluciones a esas necesidades manteniendo fuerzas armadas, escuelas, puentes y caminos. Los gobiernos también hacen cumplir los derechos de la propiedad y deciden cuándo la competencia entre empresas es desleal.

Ningún país tiene una economía que sea puramente de mercado libre ni que esté enteramente controlada por el gobierno. Todas son economías mixtas, en las que se combina el mercado libre con alguna intervención de parte del gobierno. Se trata de una **secuencia continua** —un radio de acción en el que no se ven divisiones claras— de sistemas económicos. En un extremo, la economía de Corea del Norte está controlada casi totalmente por el gobierno. China tiene una economía de planificación central pero está en **transición**, es decir, está en un período de cambio, pasando hacia un sistema de mercado. Hong Kong está gobernado por China pero tiene su propio sistema económico basado en sus años de colonia británica. Este sistema está dominado por el mercado libre.

En comparación con la mayoría de los países, Estados Unidos tiene una economía de poca intervención del gobierno y muchísima libertad económica. Un sistema así se llama un sistema de **libre empresa**.

LA IDEA PRINCIPAL

La mayoría de las naciones tienen economías mixtas, que combinan las características de la planificación central y del mercado libre.

PREGUNTA DE REPASO

Cita algunos ejemplos de necesidades que el mercado libre difícilmente satisface.

Nombre ______________________ Clase ______________ Fecha ________

CAPÍTULO 2 Prueba

IDENTIFICAR LAS IDEAS PRINCIPALES

Escribe la letra de la respuesta correcta en el espacio en blanco. (10 puntos cada una)

____ **1.** ¿Cuál de éstas es una pregunta económica clave para los países?

A. ¿De qué tamaño debe ser el ejército?
B. ¿Cuánto dinero se debe recaudar en impuestos?
C. ¿Cuántas escuelas se deben construir?
D. ¿Qué bienes y servicios se deben producir?

____ **2.** En una economía tradicional, las decisiones económicas se basan en gran parte en

A. las costumbres.
B. la ciencia.
C. el socialismo.
D. la tecnología.

____ **3.** Los mercados nos permiten

A. obtener el precio más alto por lo que vendemos.
B. pagar el precio más bajo por lo que compramos.
C. vender todos los bienes que podamos vender.
D. intercambiar cosas que tenemos por cosas que necesitamos.

____ **4.** La competencia y el interés propio son dos fuerzas importantes en

A. las economías de mercado libre.
B. las economías tradicionales.
C. las economías de planificación central.
D. las economías comunistas.

____ **5.** ¿Qué objetivos económicos son los que mejor promueve el mercado libre?

A. eficiencia y libertad
B. eficiencia e igualdad
C. innovación y seguridad
D. libertad y seguridad

____ **6.** ¿Qué hace el gobierno en una economía de planificación central?

A. Construye todas las casas en cada aldea.
B. Anima a los trabajadores a hacer innovaciones.
C. Toma todas las decisiones económicas importantes.
D. Pone mucho énfasis en la producción de bienes de consumo.

____ **7.** Los socialistas piensan que la igualdad económica sólo es posible si

A. todas las personas ganan la misma cantidad de dinero.
B. el público controla la economía.
C. la atención médica es gratuita.
D. nadie tiene que pagar impuestos.

____ **8.** La que fuera la Unión soviética fue un ejemplo de un país comunista donde

A. las personas gozaban de libertad individual.
B. se promovía la libre empresa.
C. los consumidores tenían mucho para escoger.
D. la mayor parte del poder económico y político estaba controlado por el gobierno.

____ **9.** ¿Cuál de los siguientes países presenta el ejemplo más extremo de una economía de planificación central?

A. Corea del Norte
B. Hong Kong
C. China
D. Gran Bretaña

____ **10.** El sistema de libre empresa de Estados Unidos se describe mejor como

A. una economía de mercado libre.
B. una economía tradicional
C. una economía mixta con intervención limitada del gobierno y muchísima libertad económica.
D. una economía mixta con cantidades iguales de libertad económica e intervención del gobierno.

La libre empresa en Estados Unidos

CAPÍTULO 3

SECCIÓN 1 BENEFICIOS DE LA LIBRE EMPRESA

RESUMEN DEL TEXTO

Hay una tradición de libre empresa en los Estados Unidos, que anima a la gente a probar sus ideas comerciales y competir en el mercado público. Tanto el Sr. Scappoose, el inmigrante que abrió una peluquería, como Bill Gates, el joven que fundó Microsoft, son parte de esta tradición, y los dos son empresarios con deseos de tener éxito y sacar provecho.

En la economía de libre empresa, los consumidores, actuando por cuenta propia, deciden comprar productos. Sus selecciones individuales les indican a los productores qué deben producir y cuánta cantidad. Así se obtienen muchos productos a precios razonables. Se espera que el Gobierno proteja a los consumidores, garantizándoles la información necesaria para que tomen decisiones bien fundadas.

Las leyes del Gobierno, como las que protegen el derecho a la propiedad privada y el cumplimiento de los contratos, contribuyen a que los norteamericanos se beneficien de la libre empresa. La Constitución también especifica cómo puede cobrar impuestos el Gobierno y le prohibe que interfiera en los contratos comerciales. Finalmente, las agencias federales y estatales regulan las industrias cuyos productos están relacionados con el bienestar del público.

La idea PRINCIPAL

La competencia provee muchos productos a precios razonables.

PREGUNTA DE REPASO

¿Cuál es la función del Gobierno en un sistema de libre empresa?

SECCIÓN 2

EL FOMENTO DEL CRECIMIENTO Y LA ESTABILIDAD

RESUMEN DEL TEXTO

Para mantener el buen curso de la enorme economía de Estados Unidos, los economistas del gobierno estudian las tendencias macroeconómicas. La **macroeconomía** es el estudio del comportamiento y las decisiones de toda una economía. En cambio, la **microeconomía** es el estudio del comportamiento económico de las personas, las familias y las empresas. El progreso macroeconómico se mide calculando el **producto interno bruto (PIB)** de la nación. Este es el valor total de todos los bienes y servicios finales que se producen en un año. Un modo de medir el crecimiento o decaimiento de una economía es computar el cambio en el PIB de un año a otro.

La idea PRINCIPAL

El gobierno trata de reglamentar los ciclos de negocios y de fomentar el crecimiento económico.

Los sistemas de libre empresa están sujetos a fluctuaciones marcadas en los **ciclos de negocios**, o sea los períodos de crecimiento macroeconómico seguidos por períodos de lentitud o decaimiento. Para estabilizar la economía e impedir las fluctuaciones pronunciadas, el gobierno tiene tres metas principales: mantener alto el índice de empleo, lograr un crecimiento económico sostenido y mantener los precios estables. Los encargados de formular las políticas del gobierno recurren a diferentes políticas e instrumentos en su afán de alcanzar estas metas.

Una manera en que la gente de Estados Unidos mantiene su alto nivel de vida es mediante mejoras constantes en la tecnología. La **tecnología** es el proceso que se emplea para producir un bien o prestar un servicio. Los adelantos en la tecnología le ayudan a la economía a ser más eficiente y productiva. Por ejemplo, la invención de la bombilla eléctrica por Tomás Edison en 1879 hizo posible que se trabajaran más horas de cada día. Con el fin de estimular el progreso tecnológico, el gobierno formula políticas que fomentan la innovación. Las dependencias federales financian proyectos de investigación y desarrollo en las universidades y empresas privadas. El gobierno también expide patentes y derechos intelectuales. Esto anima a los inventores porque sus ideas quedan protegidas.

PREGUNTA DE REPASO

¿Qué es el PIB y por qué su estudio les ayuda a los economistas?

SECCIÓN 3

La distribución eficiente de los recursos

RESUMEN DEL TEXTO

El pueblo depende del gobierno para obtener bienes públicos. Un **bien público** es un bien o un servicio compartido por el cual los consumidores no pagan individualmente porque esto sería ineficiente o poco práctico. Algunos ejemplos de bienes públicos son las calles, los parques, las represas y la defensa nacional. Si el gobierno no suministrara estas cosas, las personas tendrían que conseguirlas por su cuenta o contratar a empresas que lo hicieran. Pero para una persona o una empresa, el costo de construir una carretera sería mucho mayor que sus beneficios. Otra característica de un bien público es que resulta difícil excluir a quienes que no pagan. Una vez construida la carretera, es difícil impedir que algunos de los conductores la usen. Las situaciones como la construcción de carreteras, en las que el mercado libre no suministra con eficiencia los recursos para resolver un problema, se conocen como una **falla del mercado**.

Los bienes públicos los paga el sector público. El **sector público** es la parte de la economía que tiene que ver con transacciones efectuadas por el gobierno. El **sector privado** tiene que ver con transacciones que efectúan las personas particulares y las empresas.

Los factores externos pueden afectar a ambos sectores, el público y el privado. Un **factor externo** es un efecto económico secundario que resulta de un bien o servicio. El gobierno promueve la creación de factores externos positivos. Por ejemplo, la educación beneficia al alumno; al mismo tiempo la sociedad en general se beneficia de tener una población educada. El gobierno también hace lo posible por limitar los factores externos negativos, como la contaminación del ambiente causada por los automóviles.

La idea PRINCIPAL

El gobierno trata de suministrar bienes y servicios cuando el mercado no logra hacerlo con eficiencia.

PREGUNTA DE REPASO

Explica cómo la necesidad de una carretera nueva podría ser un ejemplo de una falla del mercado.

SECCIÓN 4

UNA RED DE SEGURIDAD

RESUMEN DEL TEXTO

Los mercados libres tienden a distribuir la riqueza de modo desigual. Esto deja a parte de la gente por debajo del umbral de pobreza. El **umbral de pobreza** es el nivel mínimo de los ingresos que, según determinación del gobierno, se necesitan para mantener un hogar. Para ayudar a aliviar la pobreza, el gobierno recauda dinero con impuestos y lo redistribuye a la gente pobre o necesitada. Este tipo de ayuda se conoce como **asistencia social**.

En la década de 1990 hubo muchos debates sobre los programas de asistencia social. Quienes los criticaban decían que la gente estaba llegando a depender de sus pagos de asistencia social y no hacían lo suficiente para ayudarse a sí mismos.

A pesar de estos debates, siguen funcionando en Estados Unidos programas de asistencia social. Uno de los programas más importantes es el de Ayuda Temporal a Familias Necesitadas. Éste utiliza **transferencias de dinero**, o sea pagos directos de dinero, para ayudar a los pobres. El dinero suministrado por el gobierno federal pasa a los estados, los cuales diseñan sus propios programas de asistencia social. Otro programa importante es el del Seguro Social, que proporciona transferencias de dinero a los ancianos jubilados y a personas con discapacidades. Se financia con impuestos sobre los salarios de la gente. El gobierno también provee **beneficios en especie**, o sea bienes y servicios que se dan gratis o a precios muy bajos. Unos ejemplos de beneficios en especie son los cupones de alimentos y los subsidios de vivienda. Otro servicio social importante que el gobierno provee es el de seguro médico. Medicare, que da ayuda a los ancianos, y Medicaid, que ayuda a los pobres, son dos programas de seguros médicos.

La idea PRINCIPAL

Como el sistema de mercado libre tiende a distribuir la riqueza de manera desigual, el gobierno tiene programas para ayudar a la gente necesitada.

PREGUNTA DE REPASO

¿Qué son las transferencias de dinero?

Nombre ______________________ Clase ______________ Fecha ________

CAPÍTULO 3 Prueba

IDENTIFICAR LAS IDEAS PRINCIPALES

Escribe la letra de la respuesta correcta en el espacio en blanco. (10 puntos cada una)

____ **1.** El interés público es
- **A.** lo que interesa al pueblo en general.
- **B.** el derecho de comprar y vender bienes.
- **C.** el derecho de las personas de tener productos que no representen peligros.
- **D.** un derecho de propiedad garantizado por la ley.

____ **2.** Las leyes de divulgación al público exigen
- **A.** que los gobiernos revelen sus normas.
- **B.** que las empresas protejan la propiedad privada.
- **C.** que las empresas divulguen información sobre sus productos.
- **D.** que las personas usen únicamente contratos escritos.

____ **3.** Los ingresos mínimos necesarios para mantener un hogar son
- **A.** el estándar de vida.
- **B.** el umbral de pobreza.
- **C.** una transferencia de dinero.
- **D.** beneficios en especie.

____ **4.** La Ayuda Temporal a Familias Necesitadas es un ejemplo de
- **A.** un beneficio en especie.
- **B.** el Seguro Social.
- **C.** un programa de asistencia pública.
- **D.** un seguro médico del gobierno.

____ **5.** ¿Cuál de los siguientes NO es un ejemplo de un bien público?
- **A.** un centro comercial
- **B.** un aeropuerto
- **C.** una represa
- **D.** un parque

____ **6.** Una falla del mercado es una situación en la que
- **A.** el mercado no distribuye recursos de manera eficiente.
- **B.** el que no paga no puede entrar en los lugares públicos.
- **C.** los empresarios no pagarán los servicios públicos.
- **D.** el sector privado no puede pagar el precio de mercado por los bienes públicos.

____ **7.** La contaminación del ambiente causada por los automóviles es un ejemplo de
- **A.** la distribución ineficiente de recursos.
- **B.** un factor externo positivo.
- **C.** un factor externo negativo.
- **D.** el sector público.

____ **8.** Una de las mejores maneras de medir el progreso económico de un país es calcular
- **A.** la fuerza de su tecnología.
- **B.** la duración de sus ciclos de negocios positivos.
- **C.** su tasa de desempleo.
- **D.** su producto interno bruto.

____ **9.** ¿Cuáles son las tres metas principales del gobierno en su afán por mantener la economía marchando bien?
- **A.** mantener altos los tipos de interés, lograr un crecimiento sostenido y mantener controlados los precios
- **B.** mantener alto el índice de empleo, lograr un crecimiento sostenido y mantener los precios estables
- **C.** tener a los bancos bien reglamentados, lograr un crecimiento más lento y mantener bajos los precios
- **D.** tener ciclos de negocios rápidos, lograr un crecimiento rápido y mantener los precios justos

____ **10.** Una manera en que la gente de Estados Unidos mantiene su alto nivel de vida es mediante mejoras constantes en
- **A.** la tecnología.
- **B.** la política microeconómica.
- **C.** las patentes y derechos intelectuales.
- **D.** las tendencias macroeconómicas.

CAPÍTULO 4

La demanda

SECCIÓN 1 DEFINICIÓN DE LA DEMANDA

RESUMEN DEL TEXTO

La idea PRINCIPAL

La ley de la demanda dice que la gente comprará menos de un artículo cuando su precio suba, y más del un artículo cuando su precio baje.

La **ley de la demanda** afirma que el precio de un bien tiene un efecto importante sobre la cantidad de dicho bien que la gente comprará. Cuanto más bajo sea el precio, más comprarán los consumidores. De forma similar, cuanto más alto sea el precio, menos comprarán los consumidores. Más gente comprará un pedazo de pizza a $1 que a $10.

La ley de la demanda es resultado de dos patrones de conducta humana. El primero, conocido como el **efecto de sustitución**, dice que al subir el precio de un bien es más probable que las personas lo *sustituyan* con otros bienes. Cuando el precio de la pizza se torna más caro en comparación con el de otras cosas de comer como los tacos, es más probable que la gente compre esos otros alimentos. El resultado es que la demanda de la pizza se reduce. Sin embargo, si el precio de la pizza baja, es más probable que los consumidores sustituyan la pizza por otras opciones. Esto hace que aumente la demanda de la pizza.

El otro patrón se conoce como el **efecto del ingreso**. Cuando el precio de la pizza y de otros bienes sube, la gente probablemente se siente más pobre. El efecto del ingreso tiene lugar cuando, respondiendo al aumento del precio, el consumidor gasta más por ese bien, pese a que cuesta más. Las personas gastan más pero generalmente compran menos.

Se traza una **curva de demanda del mercado** para ilustrar las cantidades que todos los consumidores en el mercado comprarían a cada precio. En el eje vertical se detalla el precio y en el eje horizontal se detalla la cantidad demandada. Debido a que la demanda aumenta al bajar los precios, la curva de la demanda desciende hacia la derecha.

PREGUNTA DE REPASO

Según la ley de la demanda, ¿qué efecto tiene una caída del precio de la leche sobre la cantidad de leche que comprará la gente?

SECCIÓN 2

DESPLAZAMIENTOS DE LA CURVA DE DEMANDA

RESUMEN DEL TEXTO

Existen muchos otros factores además del precio que pueden afectar la demanda de bienes. Por ejemplo, si se descubriera que la salsa de tomate es muy buena para la salud, la demanda de pizza aumentaría. Los consumidores comprarían más pizza a todos los niveles de precios. Este aumento en la demanda desplaza toda la curva de demanda hacia la derecha. Si se anunciara que la salsa de tomate es dañina para la salud, entonces las personas comprarían menos pizza a todos los niveles de precios. Esta reducción en la demanda desplaza la curva de demanda hacia la izquierda.

Otros factores pueden desplazar la curva de demanda. Por ejemplo, si aumentaran tus ingresos, podrías comprar más pizza. Con más ingresos, la gente compra más de la mayoría de los bienes en todos los niveles de precios. Esto crea un desplazamiento hacia la derecha en la curva de demanda. De forma similar, una reducción en los ingresos hace que se reduzca la demanda de la mayoría de los bienes.

Los cambios en la población afectarán la demanda. Por ejemplo, un incremento en el número de ancianos probablemente aumente la demanda de atención médica. La publicidad y las tendencias de la moda también pueden tener un fuerte efecto en la demanda de los consumidores.

La demanda de un bien también puede afectar la demanda de otros bienes. Los **complementos** son dos bienes que se compran y se utilizan juntos. Lo más probable es que la persona que compre esquís compre también botas para esquiar. Los **sustitutos** son bienes que se usan en lugar de otros. Cuando la gente compre más tablas para esquiar comprará menos esquís.

La idea PRINCIPAL

Muchos factores además del precio pueden cambiar la demanda de los bienes.

PREGUNTA DE REPASO

¿Qué consecuencia tiene sobre la demanda de la mayoría de los bienes un aumento de los ingresos?

SECCIÓN 3 ELASTICIDAD DE LA DEMANDA

RESUMEN DEL TEXTO

Los economistas usan el término **elasticidad de la demanda** para describir la forma en que la gente responde a los cambios en los precios. Si tú sigues comprando a pesar de que aumentaron los precios, tu demanda es **inelástica**. Si compras menos después de un pequeño aumento de precios, tu demanda es **elástica**. La demanda tiende a ser inelástica para los bienes que tienen pocos sustitutos, como las medicinas, o para los bienes que se consideran esenciales, como la leche.

La idea PRINCIPAL

La elasticidad de la demanda describe cómo las personas reaccionan a cambios en los precios.

Para computar la elasticidad de la demanda, toma el cambio porcentual en la demanda de un bien y divide esta cifra entre el cambio porcentual en el precio del artículo. Digamos que si el precio de la pizza aumenta de $1.00 a $1.50, la demanda se reduce de 4 a 3 pedazos por día. El cambio en la demanda es una reducción del 25 por ciento. El cambio en el precio es un aumento del 50 por ciento. La elasticidad de la demanda es del 25 por ciento dividido entre el 50 por ciento, o sea 0.5. Ya que esta cifra es menor que 1, la demanda es inelástica. Es decir, los clientes siguen comprando aunque el precio aumente. Toda demanda de más de 1 es elástica.

La elasticidad es un instrumento importante para los propietarios de empresas. Les ayuda a determinar la forma en que un cambio de precios afectará los **ingresos totales** de sus negocios, o sea la cantidad de dinero que la compañía recibe al vender sus bienes. Si una empresa se enfrenta a una demanda elástica, entonces como resultado de un aumento de precios se observará una caída fuerte de la demanda, por lo cual se reducirán los ingresos totales. Sin embargo, cuando la demanda de un bien es inelástica, es posible que la empresa aumente sus ingresos totales mediante un aumento de sus precios.

PREGUNTA DE REPASO

Explica por qué la demanda de una marca específica de jugo de manzana es elástica.

Nombre ______________________ Clase ______________ Fecha ________

CAPÍTULO 4 *Prueba*

IDENTIFICAR LAS IDEAS PRINCIPALES

Escribe la letra de la respuesta correcta en el espacio en blanco. (10 puntos cada una)

____ **1.** La ley de la demanda dice que

A. cuanto más alto sea el precio, más comprarán los consumidores.
B. cuanto más bajo sea el precio, menos comprarán los consumidores.
C. cuanto más bajo sea el precio, más comprarán los consumidores.
D. cuanto más bajo sea el precio, más sustituirán los consumidores.

____ **2.** Una caída en el precio

A. aumentará la demanda de los bienes.
B. disminuirá la demanda de los bienes.
C. no afectará la demanda de los bienes.
D. no afectará la ley de la demanda.

____ **3.** De las siguientes, ¿cuál describe el efecto de sustitución?

A. Al bajar el precio de un bien, la gente sustituirá otros productos.
B. Al subir el precio de un bien, la gente sustituirá otros productos.
C. Al aumentar la demanda, la gente sustituirá otros productos.
D. Al caer la demanda, la gente sustituirá otros productos.

____ **4.** La curva de demanda del mercado ilustra

A. las diferencias en los precios que se cobran en distintas tiendas.
B. las cantidades que todos los consumidores comprarían a cada precio.
C. las diferencias en la demanda de diferentes productos.
D. los productos que tienen mayor demanda.

____ **5.** Para la mayoría de los bienes, un aumento en los ingresos de la gente significa que habrá

A. un efecto de sustitución.
B. un aumento de los precios.
C. un aumento de la demanda.
D. una disminución de la demanda.

____ **6.** ¿Cuál de los siguientes NO es un ejemplo de complementos?

A. esquís y botas para esquiar
B. bote de remos y remos
C. rasuradora eléctrica y cable cargador
D. calculadora y teléfono celular

____ **7.** Los sustitutos son

A. bienes que se compran y se usan juntos.
B. bienes que se usan en lugar de otros.
C. bienes que no se pueden reemplazar.
D. bienes que causan un desplazamiento en la curva de demanda.

____ **8.** Si no dejas de comprar pese a un aumento de precios, tu demanda es

A. elástica.
B. fuerte.
C. normal.
D. inelástica.

____ **9.** De los siguientes bienes, ¿cuál tiene una demanda inelástica?

A. medicamento que salva la vida
B. televisores
C. computadoras
D. una marca dada de chicle de mascar

____ **10.** Los ingresos totales se definen como

A. la cantidad de ganancias que obtiene una compañía.
B. la cantidad de ganancias de la compañía después de pagar impuestos.
C. la cantidad de dinero que recibe una compañía al vender sus bienes.
D. la cantidad de dinero afectada por la elasticidad de los precios.

CAPÍTULO 5

La oferta

SECCIÓN 1 QUÉ ES LA OFERTA

RESUMEN DEL TEXTO

La idea PRINCIPAL

La ley de la oferta dice que los productores ofrecerán más de un bien si los precios suben, y menos si los precios bajan.

Al subir el precio de un bien, las compañías producen más con el objeto de obtener más ingresos. Las compañías nuevas tendrán incentivo para entrar en el mercado. La tendencia de los proveedores de vender más cantidad de un artículo a un precio más alto se llama la **ley de la oferta**. Esta ley dice que cuanto más alto el precio, más cantidad del bien se producirá. Si el precio de un artículo baja, se producirá menos cantidad de ese artículo. Algunas compañías producirán menos y otras tal vez se salgan del mercado.

La **curva de oferta del mercado** indica de manera ilustrada la cantidad ofrecida a diferentes precios por todos los productores en un mercado. Por ejemplo, la curva de oferta del mercado podría mostrar la cantidad de pizza que suministran todas las pizzerías de la ciudad. La curva de oferta siempre sube de izquierda a derecha. Esto se debe a que los precios más altos llevan a una producción mayor.

La **elasticidad de la oferta** es un concepto que predice cómo reaccionan los proveedores cuando los precios cambian. Las industrias que no pueden cambiar su producción fácilmente tienen una oferta inelástica. Por ejemplo, los cultivadores de naranjas no pueden aumentar su producción rápidamente cuando los precios suben. Para aumentar su producción, primero tienen que comprar más tierra y sembrar más naranjos. Una industria de servicio, como una peluquería, tiene una oferta elástica. Si el precio de un corte de pelo sube, las peluquerías y los salones pueden contratar nuevos empleados rápidamente. Surgirán peluquerías nuevas, y los negocios que ya existen atenderán al público más horas.

PREGUNTA DE REPASO

Según la ley de la oferta, ¿qué pasa con la cantidad de bienes producidos si los precios bajan?

SECCIÓN 2 *LOS COSTOS DE PRODUCCIÓN*

RESUMEN DEL TEXTO

Los economistas dividen los costos del productor en costos fijos y costos variables. Un **costo fijo** es un costo que no cambia, sin importar la cantidad del bien que se produzca. Unos ejemplos de costos fijos son el alquiler del local y la reparación de la maquinaria. Un **costo variable** es un costo que sube o baja según la cantidad del bien que se produzca. Entre éstos se incluyen los costos de materias primas y ciertos costos de mano de obra. Los costos fijos y variables se suman para determinar el **costo total**.

Las compañías pueden aumentar su producción contratando más trabajadores o comprando más capital. El cambio en la producción cuando se agrega un trabajador adicional es el **producto marginal de la mano de obra**. Al principio, cada trabajador nuevo producirá un **aumento en el rendimiento marginal**. Los trabajadores podrán especializarse y adquirir destrezas. Pero si se siguen agregando trabajadores, llega un momento en que se verá una **disminución en el rendimiento marginal**. Por ejemplo, el trabajador nuevo tal vez tenga que esperar su turno para usar una máquina o un equipo. Si se siguen agregando más trabajadores, se llegará por fin a un rendimiento marginal negativo.

El **costo marginal** es el costo de producir una unidad más de cierto bien. El **ingreso marginal** es el ingreso que se obtiene al producir una unidad más del bien; por lo general es el precio de la unidad. Cuando el costo marginal es menos que el ingreso marginal, el productor tiene un incentivo para aumentar la producción, ya que obtendrá ganancias de la siguiente unidad que produzca. Cuando el costo marginal es más que el ingreso marginal, el productor tiene un incentivo para disminuir la producción, ya que perderá dinero en la siguiente unidad que produzca. Por eso es que las ganancias se maximizan cuando los costos marginales son iguales al ingreso marginal.

La idea PRINCIPAL

Para maximizar sus ganancias, los negocios analizan los beneficios marginales de contratar a más trabajadores o comprar capital.

PREGUNTA DE REPASO

Explica la diferencia entre costos fijos y costos variables.

SECCIÓN 3 LOS CAMBIOS EN LA OFERTA

RESUMEN DEL TEXTO

La idea PRINCIPAL

Los cambios en el costo de los insumos, así como las medidas del gobierno, pueden aumentar o reducir la oferta de un bien a cualquier precio.

Todo cambio en el costo de los insumos, como materias primas, maquinaria o mano de obra, afectará la oferta. Un aumento de costos hace bajar la oferta, cualquiera que sea el precio, porque ahora es más costoso producir el bien. La disminución de la oferta a cualquier precio se ilustra como un desplazamiento hacia la izquierda de la curva de oferta. Si el costo de un insumo baja, la oferta aumentará, cualquiera que sea el nivel del precio. Todo aumento en la oferta se ilustra como un desplazamiento hacia la derecha de la curva de oferta.

El gobierno tiene el poder de influir en la oferta de muchos bienes. Un **subsidio** es un pago del gobierno para darle apoyo a un negocio o un mercado. Como el subsidio rebaja los costos del productor, su efecto generalmente es un aumento de la oferta. El gobierno también puede reducir la oferta de ciertos bienes poniéndoles un impuesto sobre el consumo. Un **impuesto sobre el consumo** es un impuesto a la producción o venta de un bien, por lo cual resulta más caro producirlo. La **reglamentación**, es decir, las medidas que toma el gobierno para controlar la producción, también puede afectar la oferta.

Otra influencia sobre la oferta son las expectativas de los productores. Si los vendedores prevén que el precio de un bien va a subir en el futuro, almacenan sus bienes ahora para vender más en el futuro. Pero si se prevén que el precio del bien va a bajar, los vendedores sacarán más bienes al mercado inmediatamente. En tiempos de inflación, o sea aumento de precios, muchos productores tratan de quedarse con sus bienes, reduciendo así la oferta.

PREGUNTA DE REPASO

¿Qué efecto tiene la inflación sobre los productores y la oferta de bienes?

Nombre ______________________ Clase ______________ Fecha ________

CAPÍTULO 5 Prueba

IDENTIFICAR LAS IDEAS PRINCIPALES

Escribe la letra de la respuesta correcta en el espacio en blanco. (10 puntos cada una)

____ **1.** Según la ley de la oferta,

A. cuanto más bajo sea el precio, mayor será la cantidad consumida.
B. cuanto más alto sea el precio, mayor será la cantidad producida.
C. si el precio de un bien sube, algunas compañías producirán menos.
D. si el precio de un bien baja, nuevas compañías podrían entrar al mercado.

____ **2.** La curva de oferta del mercado muestra

A. la cantidad ofrecida por los productores a diferentes precios.
B. la oferta según cualquier conjunto de condiciones.
C. cómo los precios afectan el costo de las materias primas.
D. cómo se mantiene en equilibrio la oferta de bienes.

____ **3.** ¿Cuál de estos negocios tiene una oferta elástica?

A. la publicación de periódicos
B. el cultivo de manzanas
C. el corte de pelo
D. la generación de electricidad

____ **4.** ¿Cuál de éstos es un ejemplo de un costo variable?

A. el alquiler de un local
B. la reparación de la maquinaria
C. los equipos
D. la materia prima

____ **5.** El cambio en la producción al agregar un trabajador más es

A. el producto marginal del trabajo.
B. un aumento en el rendimiento marginal.
C. una disminución en el rendimiento marginal.
D. un rendimiento marginal negativo.

____ **6.** El costo marginal es

A. el ingreso total menos el costo total.
B. el ingreso total más el costo total.
C. el costo de producir una unidad más de un bien.
D. la diferencia entre los costos fijos y los costos variables.

____ **7.** Las ganancias del productor se maximizan cuando

A. los costos marginales son iguales a los costos fijos más los costos variables.
B. los costos marginales son menos que el ingreso marginal.
C. los costos marginales resultan en una disminución en el rendimiento marginal.
D. los costos marginales son iguales al ingreso marginal.

____ **8.** ¿Cuál de éstos lleva a un aumento en la oferta?

A. un aumento en el costo de materias primas
B. una reducción en el costo de materias primas
C. una disminución en el rendimiento marginal
D. un cambio en la ley de la oferta

____ **9.** Un subsidio

A. es un impuesto a la producción o venta de un bien.
B. es un pago del gobierno para darle apoyo a un negocio o mercado.
C. es un método que el gobierno usa para reglamentar algo.
D. está ilustrado en la curva de oferta del mercado.

____ **10.** Si los vendedores prevén que el precio de un bien subirá en el futuro, ellos

A. pondrán más bienes en el mercado inmediatamente.
B. aumentarán sus precios ahora mismo.
C. guardarán bienes ahora para vender más en el futuro.
D. fijarán los precios según la ley de la demanda.

CAPÍTULO 6

Precios

SECCIÓN 1

COMBINACIÓN DE LA OFERTA Y LA DEMANDA

RESUMEN DEL TEXTO

La idea **PRINCIPAL**

Los mercados están en equilibrio cuando la cantidad que se demanda es igual a la cantidad que se ofrece.

El **equilibrio** del mercado es el punto en el cual la cantidad que se ofrece y la cantidad que se demanda son iguales. En ese punto, los compradores están dispuestos a comprar al mismo precio y la misma cantidad que los vendedores están dispuestos a vender. Dicho precio es el precio de equilibrio. En un diagrama, el punto de equilibrio es donde se cruzan la curva de la oferta y la curva de la demanda.

Un mercado está en **desequilibrio** cuando la cantidad que se ofrece no es igual a la cantidad que se demanda a un precio determinado. Cuando la cantidad que se demanda es mayor que la cantidad que se ofrece, se produce un **exceso de demanda**. Un precio más bajo que el precio de equilibrio animará a los compradores y desanimará a los vendedores. Los precios aumentarán porque los vendedores esperan aumentar sus ganancias. Cuando la cantidad que se ofrece es mayor que la cantidad que se demanda, se produce un **exceso de oferta**. Los precios bajarán porque los vendedores necesitan vender su oferta. Siempre que exista un exceso de oferta o de demanda, las fuerzas del mercado se ponen en acción para crear el equilibrio.

A veces, los gobiernos tratan de controlar los precios de un mercado. Los gobiernos pueden fijar un **precio tope**, el precio máximo que se puede cobrar. Por ejemplo, algunas ciudades tienen precios topes para los departamentos de alquiler. Si el precio tope es más bajo que el precio de equilibrio, habrá un exceso de demanda. Se ofrecen menos departamentos que los que la gente quiere alquilar.

Asimismo, los gobiernos pueden establecer un **precio mínimo**, el precio más bajo que se puede pagar. Como ejemplo se puede citar el **salario mínimo**, la cifra por hora más baja que se les permite a las empresas pagar a sus trabajadores. Cuando el salario mínimo es más alto que el valor de equilibrio, se produce un exceso de oferta de trabjadores.

PREGUNTA DE REPASO

Describe un mercado en equilibrio.

SECCIÓN 2

CAMBIOS EN EL EQUILIBRIO DEL MERCADO

RESUMEN DEL TEXTO

En la sección anterior se describió el desequilibrio que se produce a lo largo de las curvas de demanda o de oferta. Si el precio es más alto o más bajo que el precio de equilibrio, las fuerzas del mercado empujan los precios hacia un equilibrio. Sin embargo, en ciertas ocasiones, los cambios en las condiciones del mercado producen el desplazamiento de toda la curva de demanda o curva de oferta. Esto significa que ahora la cantidad que se demanda o se ofrece es diferente en todos los niveles de precios. Estos cambios también llevan al mercado a un desequilibrio, y las fuerzas del mercado tienden a regresarlo al equilibrio.

Por ejemplo, la tecnología puede reducir el costo de fabricación de un bien. Los primeros reproductores de discos compactos costaban aproximadamente $1,000 cada uno. A medida que la tecnología fue mejorando, los precios bajaron. La curva de la oferta se desplazó hacia la derecha a medida que aumentó la oferta. Los productores ahora estaban dispuestos a ofrecer cantidades mayores de reproductores de discos compactos, sea cual fuera su precio. Sin embargo, ahora la cantidad que se ofrecía era mayor que la cantidad que se demandaba. Esta situación también puede llamarse **superávit**. Los productores respondieron al superávit bajando los precios y con el tiempo, el precio y la cantidad llegaron a un nuevo equilibrio.

Una novedad, tal como la súbita popularidad de un nuevo juguete, puede desplazar la demanda hacia afuera. Los compradores quieren más juguetes que los que se ofrecen y se produce una **escasez**. La escasez se produce cuando la cantidad que se demanda es mayor que la cantidad que se ofrece. Durante una escasez, los productores y las tiendas suelen aumentar los precios. El precio de mercado aumentará hasta que la cantidad que se ofrece sea igual a la cantidad que se demanda y se establezca un nuevo equilibrio.

La idea PRINCIPAL

Cuando se produce un cambio en la oferta o en la demanda, el precio de mercado y la cantidad vendida se desplazan hacia un nuevo equilibrio.

PREGUNTA DE REPASO

¿Cuál es la diferencia entre superávit y escasez?

SECCIÓN 3 *LA FUNCIÓN DE LOS PRECIOS*

RESUMEN DEL TEXTO

Los precios son como señales que envían información a los compradores y a los vendedores. Para los productores, los precios altos indican que deben aumentar la oferta. Los precios bajos indican que deben reducir la oferta o retirarse del mercado. Para los compradores, los precios bajos indican que es el momento de comprar y los precios altos indican que hay que pensar antes de comprar.

La idea PRINCIPAL

En un mercado libre, los precios ofrecen un sistema flexible y eficiente para el intercambio de bienes.

Otra de las ventajas de los precios es que son flexibles. En general, es más fácil cambiar los precios que los niveles de producción. Cuando de repente se suscita la escasez de un bien, tal como el trigo o la gasolina, se produce un **impacto de la oferta**. Dado que por lo general la oferta no se puede aumentar con rapidez, el aumento de los precios ayuda a resolver el exceso de la demanda.

El **racionamiento** es un sistema de distribución de bienes y servicios que utiliza otros recursos que no sean el precio. Las economías centralizadas usan el racionamiento — y no los precios — para distribuir los bienes y servicios. La administración del racionamiento es costosa. Al fin de cuentas, tiende a ofrecerse una menor cantidad de productos, en lugar de la amplia variedad de productos que gozamos en nuestro sistema basado en los precios.

Los precios no siempre funcionan bien en los mercados en los que no existe mucha competencia, o en los que los compradores y vendedores no cuentan con suficiente información. Otro de los problemas son los **costos secundarios**, tales como la contaminación del aire y del agua, los cuales deben ser pagados por otras personas que no tienen ningún control sobre la cantidad de cada bien que se produce. Los productores generalmente no pagan los costos indirectos y son los consumidores quienes pagan esos costos adicionales.

PREGUNTA DE REPASO

¿Por qué se utilizan generalmente cambios en los precios, en vez de cambios en la producción, para resolver los impactos de la oferta?

Nombre ______________________________ Clase ____________________ Fecha __________

CAPÍTULO 6 Prueba

IDENTIFICAR LAS IDEAS PRINCIPALES

Escribe la letra de la respuesta correcta en el espacio en blanco. (10 puntos cada una)

____ **1.** Se dice que el mercado está en equilibrio

A. cuando la cantidad que se demanda es superior a la cantidad que se ofrece.
B. cuando la cantidad que se ofrece es superior a la cantidad que se demanda.
C. cuando la cantidad que se ofrece y la cantidad que se demanda son iguales.
D. cuando el gobierno toma medidas para lograr un equilibrio.

____ **2.** Se produce un desequilibrio

A. cuando la cantidad que se ofrece y la cantidad que se demanda no son iguales.
B. cuando la cantidad que se ofrece y la cantidad que se demanda son iguales.
C. cuando los precios son más altos que la cantidad que se ofrece.
D. cuando no hay ni exceso de oferta ni exceso de demanda.

____ **3.** Cuando hay una oferta excesiva,

A. los precios tienden a subir.
B. los precios tienden a bajar.
C. habrá un aumento de la demanda.
D. el gobierno impondrá precios topes.

____ **4.** ¿Cuál afirmación explica el motivo por el cual suben los precios del mercado?

A. Los productores fabrican una cantidad mayor que la cantidad que los consumidores desean comprar.
B. Los consumidores compran una cantidad mucho menor de un bien que la que habían comprado en años anteriores.
C. Se incorporan nuevos productores al mercado.
D. Existe un exceso de demanda en el mercado.

____ **5.** El salario mínimo es un ejemplo de

A. un precio tope.
B. un precio mínimo.
C. la acción de las fuerzas del mercado.
D. el equilibrio del mercado.

____ **6.** ¿Cuándo se produce un superávit?

A. Cuando se incorporan al mercado nuevos productos para la venta
B. Ciempre que los precios bajan
C. Cuando hay menos bienes que la cantidad que la gente quiere comprar
D. Cuando existe una oferta mayor de un bien que la cantidad que la gente quiere comprar

____ **7.** ¿Cuál de los siguientes es un ejemplo de escasez?

A. Las tiendas no pueden vender todos los juguetes nuevos que tienen en existencia.
B. Los fabricantes producen demasiadas unidades de un juguete nuevo.
C. Los consumidores no pueden encontrar en las tiendas una cantidad suficiente de un juguete nuevo.
D. Los consumidores no pueden pagar el precio de un juguete nuevo.

____ **8.** ¿Cómo se distribuyen los bienes y recursos en una economía de mercado libre?

A. por medio del racionamiento
B. por medio de los precios
C. por medio de acciones del gobierno
D. por medio del desequilibrio

____ **9.** El racionamiento es una forma común de distribución en

A. una economía centralizada.
B. una economía de mercado libre.
C. un sistema basado en los precios.
D. un mercado que se basa en la competencia

____ **10.** ¿Cuál de las siguientes afirmaciones es un ejemplo de costos secundarios?

A. La gente compra productos pagando precios ilegalmente altos por ellos.
B. De repente se produce una escasez de bienes y la oferta no puede aumentarse con rapidez.
C. La gente tiene que pagar precios más altos por artículos cuya oferta es escasa.
D. Un fabricante contamina un río y no paga los costos de limpieza del mismo.

CAPÍTULO 7

Las estructuras del mercado

SECCIÓN 1 *LA COMPETENCIA PERFECTA*

RESUMEN DEL TEXTO

La estructura del mercado más fácil de estudiar es la que se conoce como la **competencia perfecta**. En tal mercado, cada empresa hace el mismo producto a un precio más o menos igual. Como cada empresa produce tan sólo una pequeña parte de la oferta total, ninguna de ellas puede controlar el precio. Para que haya competencia perfecta, el mercado tiene que reunir cuatro condiciones. Tienen que participar muchos compradores y vendedores. Los vendedores tienen que ofrecer productos idénticos. Los compradores y vendedores tienen que estar bien informados sobre los productos. Debe haber una manera en que los vendedores puedan entrar y salir del mercado fácilmente.

La idea PRINCIPAL

La competencia perfecta describe un mercado con muchos compradores y vendedores del mismo bien.

Dos ejemplos son el mercado de productos agrícolas y las acciones que se venden en la bolsa de valores.

Los factores que dificultan la entrada de empresas nuevas en el mercado se llaman **barreras al ingreso**. Unas barreras al ingreso que se ven con frecuencia son los **costos iniciales** y la tecnología. Los costos iniciales son los gastos que el dueño tiene que pagar antes de abrir un negocio nuevo. Por ejemplo, para montar un nuevo negocio que vende sándwiches, se tiene que alquilar un local, comprar ollas para cocinar e imprimir un menú. Otros negocios requieren cierta capacidad técnica. Los carpinteros, farmacéuticos y electricistas tienen que capacitarse para adquirir las destrezas que necesitan.

Los mercados perfectamente competitivos son eficientes. La competencia intensa en estos mercados mantiene bajos los precios y los costos de producción. La empresa que suba sus precios más que las demás, o que tenga costos de producción más altos, no podría competir.

PREGUNTA DE REPASO

Cita dos barreras al ingreso que se ven con frecuencia.

SECCIÓN 2

EL MONOPOLIO

RESUMEN DEL TEXTO

Un **monopolio** es un mercado dominado por un solo vendedor. En vez de muchos compradores y vendedores, como se ve en la competencia perfecta, el monopolio tiene un dolo vendedor y cualquier cantidad de compradores. Las barreras al ingreso hacen posibles los monopolios. Los monopolios pueden aprovechar su poder monopolista para vender a precios más altos. Por este motivo, en Estados Unidos se han prohibido las prácticas monopolistas en las mayoría de las industrias.

El gobierno otorga monopolios en ciertas industrias. Un **monopolio natural** es un mercado que funciona más eficientemente cuando una empresa grande se encarga de toda la producción. En la industria de telefonía local se desarrolló un monopolio porque resultaba ineficiente que más de una empresa tendiera una costosa red de cables. En casos como éste, el gobierno puede darle a una empresa el derecho de dominar en una zona geográfica. A cambio, la empresa acepta que el gobierno controle sus precios.

El gobierno también puede otorgar poder monopolista concediendo **patentes** o licencias. La patente le da a la empresa el derecho exclusivo de vender un bien o servicio nuevo durante un lapso de tiempo dado. La **licencia** es un derecho concedido por el gobierno para manejar un negocio. Una licencia de radio, por ejemplo, le da a una emisora el derecho de transmitir en cierta frecuencia.

En contraste con las empresas en los mercados perfectamente com- petitivos, los monopolios tienen control sobre los precios. Sin embargo, como lo explica la ley de la demanda, cuando el monopolio aumenta su precio, venderá menos. Por eso el monopolio fija el precio que le produzca el máximo de ganancias. Generalmente, esto significa menos bienes, a un precio más alto, de los que se venderían en un mercado competitivo.

La idea PRINCIPAL

Una empresa tiene un monopolio cuando controla la totalidad de un mercado.

PREGUNTA DE REPASO

Cita dos maneras en que el gobierno puede otorgar un monopolio.

SECCIÓN 3

LA COMPETENCIA MONOPOLISTA Y EL OLIGOPOLIO

RESUMEN DEL TEXTO

La idea **PRINCIPAL**

La mayoría de los mercados caen en una de estas dos categorías: competencia monopolista u oligopolio.

La competencia perfecta y el monopolio son los dos extremos en cuanto a estructuras del mercado. La mayor parte de los mercados caen en otras dos categorías: la competencia monopolista o el oligopolio. La **competencia monopolista** es un mercado en el que muchas empresas venden productos que son parecidos pero no idénticos. Por ejemplo, los *jeans* varían en su marca, estilo y color. Los helados varían en gustos y sabores. Estos mercados son de competencia monopolista porque cada empresa tiene una especie de monopolio sobre su propio producto. La competencia monopolista existe en industrias en las que las barreras al ingreso son bajas.

Las empresas en un mercado de competencia monopolista tienen un ligero control sobre sus precios, porque ofrecen productos que son ligeramente diferentes de los de otras. También **compiten en aspectos diferentes al precio**, o sea que compiten por otros medios que no sean tener el precio más bajo. Podrían ofrecer nuevos colores, texturas o sabores en sus productos. También podrían buscar ubicarse en el mejor sitio para prestar sus servicios.

Un **oligopolio** es un mercado dominado por unas pocas empresas grandes. Puede formarse cuando las barreras al ingreso son altas. Algunos ejemplos de oligopolio en Estados Unidos son las aerolíneas, los refrescos de cola, los cereales para el desayuno y los aparatos electrodomésticos. A veces las empresas oligopolistas usan prácticas ilegales para acordar precios entre si o reducir la competencia. Posiblemente recurran a la fijación oligopolítica de precios, o sea que las empresas se ponen de acuerdo para vender a precios iguales o muy similares. La **fijación oligopolítica de precios** es ilegal en los Estados Unidos y puede traer sanciones fuertes.

PREGUNTA DE REPASO

¿Qué diferencia hay entre la competencia monopolista y un oligopolio?

SECCIÓN 4

REGLAMENTACIÓN Y LIBERALIZACIÓN

RESUMEN DEL TEXTO

El monopolio y el oligopolio a veces pueden tener efectos negativos sobre los consumidores y sobre toda nuestra economía. Los mercados dominados por unas pocas empresas grandes suelen tener precios más altos y producción más baja que los mercados en los que hay muchos vendedores. Una empresa con poder de monopolio puede fijar **precios predatorios**, que consiste en fijar el precio de mercado por debajo del costo para así sacar a los competidores del negocio. Otra manera en que las empresas tratan de reducir la competencia es comprar a las empresas competidoras.

Desde fines de la década de 1880, en Estados Unidos han existido **leyes antimonopolio** que les impiden a las empresas reducir la competencia. La tarea de la Comisión Federal de Comercio y la División Antimonopolio del Departamento de Justicia es hacer cumplir estas leyes. El gobierno también trata de impedir las fusiones que podrían reducir la competencia y llevar a precios más altos. Una **fusión** ocurre cuando dos o más empresas se unen para formar una sola empresa.

En las décadas de 1970 y 1980, el Congreso aprobó leyes para liberalizar (o desreglamentar) ciertas industrias. La **liberalización** consiste en eliminar o reducir los controles que el gobierno ha impuesto sobre un mercado. Algunos mercados liberalizados son: la industria de las aerolíneas, el transporte terrestre por camión, la electricidad, la banca, los ferrocarriles, el gas natural y la transmisión por televisión. Cuando la liberalización resulta bien, la compe-tencia aumenta y los precios que pagan los consumidores son más bajos. Pero muchas veces puede causar dificultades para los empleados de las empresas que cierran sus negocios cuando la compe-tencia aumenta.

Las leyes antimonopolio fortalecen el control del gobierno en un mercado. La liberalización reduce el control del gobierno. Pero ambas políticas tienen el mismo objetivo: promover la competencia.

La idea PRINCIPAL

El gobierno federal trata de fomentar la competencia con leyes antimonopolio y de liberalización.

PREGUNTA DE REPASO

¿En qué consisten los precios predatorios?

Nombre ______________________________ Clase ______________ Fecha ________

CAPÍTULO 7 Prueba

IDENTIFICAR LAS IDEAS PRINCIPALES

Escribe la letra de la respuesta correcta en el espacio en blanco. (10 puntos cada una)

____ **1.** Una estructura del mercado con muchos vendedores y muchos compradores es

A. un oligopolio.
B. monopolista.
C. competencia perfecta.
D. competencia en aspectos diferentes al precio.

____ **2.** Un ejemplo de una barrera al ingreso es

A. un costo inicial alto.
B. un costo inicial bajo.
C. un mercado de competencia imperfecta.
D. la liberalización por medidas del gobierno.

____ **3.** Un mercado que es un monopolio tiene

A. muchos compradores y vendedores.
B. muchas empresas que venden productos ligeramente distintos.
C. tres o cuatro empresas que dominan el mercado.
D. un vendedor y muchos compradores.

____ **4.** Un monopolio natural es un mercado que funciona con mayor eficiencia cuando tiene

A. pocos vendedores y un solo comprador.
B. muchos vendedores y muchos compradores.
C. una empresa grande que hace toda la producción.
D. pocas reglamentaciones del gobierno.

____ **5.** Comparado con un mercado de competencia perfecta, un monopolio tiene

A. precios más bajos y menos bienes.
B. precios más altos y menos bienes.
C. precios más bajos y más bienes.
D. precios más altos y más bienes.

____ **6.** La oferta de productos con diferentes sabores y formas es un ejemplo de

A. la competencia perfecta.
B. competencia oligopolística.
C. la ley de la demanda.
D. la competencia en aspectos diferentes al precio.

____ **7.** Un mercado que es un oligopolio tiene

A. muchos compradores y vendedores.
B. muchas empresas que venden productos ligeramente distintos.
C. unas pocas empresas que dominan el mercado.
D. un vendedor y muchos compradores.

____ **8.** ¿Cuál de estas industrias no es un ejemplo de un oligopolio?

A. la reparación de automóviles
B. los refrescos de cola
C. las aerolíneas
D. los cereales para el desayuno

____ **9.** Una función del Departamento de Justicia del gobierno federal es

A. promover la fijación oligopolítica de precios.
B. eliminar los monopolios.
C. proveer préstamos a empresas para los costos iniciales del negocio.
D. eliminar las barreras al ingreso.

____ **10.** En muchas industrias, la liberalización ha tenido como resultado

A. productos más seguros.
B. leyes antimonopolio.
C. precios más bajos para los consumidores.
D. mayor control del gobierno.

Organizaciones de negocios

CAPÍTULO 8

SECCIÓN 1 LAS EMPRESAS UNIPERSONALES

RESUMEN DEL TEXTO

Una de las primeras decisiones que deben tomar los empresarios es el tipo de organización de negocios que tendrán. Una **organización de negocios** es un establecimiento que se crea para llevar a cabo una gestión comercial. La forma más común de organización de negocios es la empresa unipersonal. La **empresa unipersonal** es aquélla en el que una sola persona es propietaria y encargada del manejo del negocio. Alrededor del 75 por ciento de todos los negocios en Estados Unidos son empresas unipersonales. Sin embargo, debido a que la mayoría de las empresas unipersonales son pequeñas, éstas sólo representan un 6 por ciento de las ventas totales en Estados Unidos. Es muy probable que donde tú vives, la panadería, la peluquería y el taller donde reparan bicicletas sean empresas unipersonales.

La ventaja más importante de la empresa unipersonal es que al propietario le corresponden todas las ganancias después del pago de los impuestos de renta. Otra ventaja es que las empresas unipersonales son fáciles de iniciar. Generalmente se pueden establecer con un mínimo de trámites y gastos legales. Los propietarios también tienen el control total de sus negocios y pueden responder rápidamente a cambios en el mercado.

La desventaja más importante de las empresas unipersonales es la responsabilidad personal total. En términos legales, **responsabilidad** es la obligación de pagar las deudas. Si el negocio fracasa, el propietario puede verse obligado a vender bienes personales para atender dichas deudas. Otra desventaja es que puede ser difícil para el propietario de una empresa unipersonal encontrar capital para ampliar sus negocios. También puede ser difícil encontrar buenos empleados. Esto se debe a que muchas empresas pequeñas no disponen del dinero para pagar **prestaciones sociales**, es decir, los beneficios que reciben los empleados aparte de su sueldo, tales como vacaciones pagadas, pensión de jubilación y seguro médico.

La idea PRINCIPAL

Las empresas unipersonales son la forma más común de organizar un negocio en Estados Unidos. El propietario tiene control absoluto, así como responsabilidad total.

PREGUNTA DE REPASO

Explica porqué las empresas unipersonales sólo general el 6 por ciento de las ventas en Estados Unidos, a pesar de que son la forma más común de organización de negocios.

SECCIÓN 2

LAS SOCIEDADES

RESUMEN DEL TEXTO

Una **sociedad** es una organización de negocios de propiedad de dos o más personas. Los socios se tienen que poner de acuerdo en cuanto a la forma en que distribuyen las ganancias y las responsabilidades. El tipo de sociedad más común es la **sociedad general**. En la sociedad general, los socios participan por igual, tanto en la responsabilidad como en las deudas. Con frecuencia, los médicos, los abogados, los contadores y demás profesionales forman sociedades generales. En una **sociedad limitada** sólo se requiere que uno de los socios sea socio general. Dicho socio tiene el control del negocio, pero asume responsabilidad personal total por lo que hace la sociedad. Los demás socios sólo aportan dinero. Un tipo de sociedad más novedoso es la **sociedad de responsabilidad limitada**. En este tipo de sociedad, todos los socios tienen una responsabilidad limitada, y su responsabilidad personal es menor en ciertas situaciones.

La idea PRINCIPAL

En las sociedades, las personas combinan sus recursos y comparten la responsabilidad por el manejo del negocio.

Una ventaja importante de una sociedad es que se puede compartir la responsabilidad por el negocio. En una sociedad exitosa, cada socio le aporta distintas capacidades y destrezas al negocio. Los **activos** (es decir el dinero u otros valores) que cada socio aporta, mejoran la posibilidad de que la empresa pueda tomar en préstamo dinero para sus gastos de funcionamiento y expansión. Otra ventaja de las sociedades es que, al igual que las empresas unipersonales, son fáciles de comenzar.

Las sociedades también tienen sus desventajas. Cada socio general es responsable por las actuaciones de los demás socios. A menos que la sociedad sea una sociedad de responsabilidad limitada, por lo menos uno de los socios asume responsabilidad total. Al igual que en una empresa unipersonal, los socios pueden perder sus bienes personales para atender las deudas de la empresa. Otro posible problema es el de los conflictos entre los socios. Tienen que ponerse de acuerdo en cuanto a los objetivos y la filosofía del negocio.

PREGUNTA DE REPASO

¿En que se diferencia una sociedad limitada de una sociedad general?

SECCIÓN 3

LAS SOCIEDADES ANÓNIMAS, LAS FUSIONES Y LAS EMPRESAS MULTINACIONALES

RESUMEN DEL TEXTO

La mayoría de los negocios grandes en Estados Unidos son sociedades anónimas. La **sociedad anónima** es una entidad o persona jurídica, que es de propiedad de accionistas individuales. La responsabilidad de cada accionista por las deudas de la sociedad anónima se limita a lo que cada uno haya invertido. Los accionistas poseen **acciones**, que representan su participación en la sociedad anónima. Al igual que una persona natural, la sociedad anónima paga impuestos, puede suscribir contratos y entablar demandas en las cortes. Todas las sociedades anónimas tienen la misma estructura básica. Los accionistas eligen una junta directiva. La junta toma las decisiones importantes de la empresa. También contrata a los funcionarios de la sociedad que son quienes la manejan.

La principal ventaja de la estructura de la sociedad anónima es la limitación de la responsabilidad. Los accionistas sólo pueden perder la suma de dinero que han invertido. Las sociedades anónimas pueden conseguir dinero mediante la venta de acciones en la bolsa de valores. Las sociedades anónimas también toman dinero en préstamo mediante la venta de **bonos**. Los bonos son certificados que emiten las sociedades anónimas, en los que se comprometen a pagar el dinero que toman en préstamo, más los intereses.

Cuando una sociedad anónima crece, puede fusionarse o unirse con una o varias empresas. En las **fusiones horizontales** se unen dos o más empresas que ofrecen los mismos bienes o servicios. Por ejemplo, dos fabricantes de vehículos pueden decidir formar una empresa más grande. En las **fusiones verticales** se unen dos o más empresas que funcionan en diferentes etapas en la producción del mismo bien o servicio. Por ejemplo, un fabricante de vehículos podría fusionarse con la empresa que le suministra las llantas de goma. Los **conglomerados** combinan empresas que producen bienes o servicios que no guardan ninguna relación entre sí. Las **empresas multinacionales** son sociedades anónimas que funcionan simultáneamente en varios países.

La idea PRINCIPAL

Las sociedades anónimas son organizaciones de negocios complejas que limitan la responsabilidad de sus propietarios, los accionistas individuales.

PREGUNTA DE REPASO

¿Quiénes son los propietarios de una sociedad anónima?

SECCIÓN 4 OTRAS ORGANIZACIONES

RESUMEN DEL TEXTO

Una **franquicia comercial** es un negocio semindependiente que le paga cuotas a una casa matriz. A cambio, el negocio obtiene el derecho exclusivo de vender cierto producto o servicio en un territorio específico. La casa matriz, o sea el vendedor de la franquicia, diseña los productos y el sistema comercial, y les ayuda a quienes compren la franquicia local a producir y vender sus productos. Para el propietario de un negocio pequeño, la franquicia ofrece la ventaja de un nombre ya establecido, pero a cambio, el propietario de la franquicia debe renunciar a parte de su libertad de accionar, y además tiene que pagar cuotas y hasta parte de sus ganancias.

La idea PRINCIPAL

Otros tipos de organizaciones de negocios incluyen las franquicias, las cooperativas y las organizaciones sin fines de lucro.

Una **cooperativa** es una organización de negocios que es de propiedad de un grupo de personas quienes se encargan de manejarla, para beneficio común. Las **cooperativas de consumidores** les venden mercancías a sus afiliados a precios reducidos. Las cooperativas que prestan un servicio en vez de vender bienes se llaman **cooperativas de servicio**. Algunas cooperativas de servicio ofrecen descuentos en seguros, servicios bancarios, asistencia médica, asesoría legal o servicios guardería infantil. Las **cooperativas de productores** son cooperativas de comercialización agrícola que les ayudan a sus afiliados a vender sus productos.

Las **organizaciones sin fines de lucro** funcionan como los negocios, pero no tienen como meta obtener utilidades. Estas organizaciones sin fines de lucro generalmente se dedican a prestarle servicios a la comunidad. Entre las organizaciones sin fines de lucro están los museos, las escuelas y entidades como las YMCA. El gobierno exime a las organi-zaciones sin fines de lucro del pago de impuestos de renta. Muchas organizaciones sin fines de lucro operan con algún apoyo del gobierno. Las organizaciones sin fines de lucro que promueven los intereses de industrias específicas se llaman **asociaciones gremiales**.

PREGUNTA DE REPASO

¿Qué es una cooperativa?

Nombre ______________________ Clase ______________ Fecha ________

CAPÍTULO 8 Prueba

IDENTIFICAR LAS IDEAS PRINCIPALES

Escribe la letra de la respuesta correcta en el espacio en blanco. (10 puntos cada una)

____ **1.** La forma de organización de negocios más común es

A. la sociedad anónima.
B. la empresa unipersonal.
C. la sociedad general.
D. la franquicia.

____ **2** La responsabilidad es

A. la necesidad de hacer muchos papeleos y trámites.
B. el requisito de ofrecer prestaciones sociales.
C. la obligación legal de pagar sus deudas.
D. la oportunidad que tiene el propietario de un negocio unipersonal de conservar todas las utilidades después de impuestos.

____ **3.** La sociedad es una organización de negocios cuya propiedad es de

A. una o más personas.
B. dos o más personas.
C. personas y accionistas.
D. un socio general y muchos accionistas.

____ **4.** En una sociedad de responsabilidad limitada, todos los socios

A. no tienen responsabilidad alguna.
B. tienen responsabilidad personal.
C. tienen que ser socios generales.
D. tienen responsabilidad personal limitada en ciertas situaciones.

____ **5.** La mayoría de los negocios grandes son

A. empresas unipersonales.
B. sociedades generales.
C. sociedades anónimas.
D. cooperativas.

____ **6.** Las decisiones más importantes en una sociedad anónima las toma(n)

A. los inversionistas.
B. los accionistas.
C. la junta directiva.
D. los fundadores de la empresa.

____ **7.** Una de las formas en las que una sociedad anónima puede conseguir dinero es mediante

A. a venta de acciones en la bolsa de valores.
B. la compra de bonos de otras sociedades anónimas.
C. la búsqueda de dinero del gobierno para investigación y desarrollo.
D. la venta de acciones a los fundadores.

____ **8.** ¿Cuál de las siguientes es un ejemplo de una fusión?

A. Una persona compra una franquicia.
B. Dos personas forman una sociedad.
C. Una empresa se une con la compañía que le suministra materia prima.
D. Una empresa vende bonos con el fin de conseguir dinero para ampliarse.

____ **9.** Por pagar una cuota al vendedor de la franquicia, el propietario de un negocio recibe el derecho

A. de vender acciones y bonos del vendedor de la franquicia.
B. de manejar el negocio en la forma que desee.
C. de formar una sociedad con el vendedor de la franquicia.
D. de vender los bienes y servicios del vendedor de la franquicia.

____ **10.** Los museos, las escuelas públicas y las YMCA

A. están exentos del pago de impuestos de renta.
B. son financiados en su totalidad por el gobierno.
C. son promovidos por las asociaciones gremiales.
D. son financiados por organizaciones profesionales.

CAPÍTULO 9

El trabajo

SECCIÓN 1 TENDENCIAS EN EL MERCADO LABORAL

RESUMEN DEL TEXTO

La idea PRINCIPAL

A medida que la economía va pasando de manufactura a servicios, los empleadores están contratando a más mujeres y más trabajadores eventuales.

Una tendencia reciente e importante en la economía de Estados Unidos es el cambio de manufactura a servicio. La producción de servicios registra un mayor crecimiento que la producción de bienes. Estados Unidos ha perdido empleos de manufactura. Éstos se han ido a países donde los trabajadores cuestan menos. En cambio, los empleos de servicio han aumentado, sobre todo en el campo de las computadoras y el uso de la información.

Otra tendencia importante es el creciente número de mujeres en la fuerza laboral. Ahora hay más mujeres trabajando, por varios motivos. Su papel social ha cambiado y esto ha animado a las mujeres a educarse y adquirir destrezas para el trabajo. Además, muchas mujeres sin pareja están a la cabeza de un hogar y tienen que trabajar para mantener a la familia. Muchos hogares donde sí están ambos padres necesitan contar con dos sueldos.

Una tercera tendencia es el aumento del **empleo contingente**, o sea el trabajo temporal. Las empresas aprovechan el empleo contingente para lograr flexibilidad y ahorrar dinero. Es más fácil despedir a los trabajadores eventuales que a los perma-nentes, y así la empresa puede reajustar el número de trabajadores rápidamente para aumentar o disminuir su producción. Los trabajadores eventuales por lo general reciben menos salario y prestaciones sociales que los permanentes.

Los trabajadores estadounidenses reciben buena paga en comparación con los de algunos otros países. Sin embargo, el promedio de ingresos semanales en Estados Unidos disminuyó entre 1980 y 1997 en dólares ajustados para la inflación. Los ingresos promedio subieron para los graduados universitarios pero bajaron mucho para quienes no tienen un título universitario. Un motivo de esto es que la competencia de países extranjeros ha reducido la demanda de trabajadores no calificados.

PREGUNTA DE REPASO

¿Qué sector de la economía estadounidense está creciendo más rápidamente, el de manufactura o el de servicios?

SECCIÓN 2 *EL TRABAJO Y LOS SALARIOS*

RESUMEN DEL TEXTO

Los economistas definen la **fuerza laboral** como los trabajadores no militares mayores de 16 años que están empleados o desempleados. Las personas que no están buscando trabajo, por ejemplo estudiantes, padres o madres que se dedican a la crianza de sus hijos, y los jubilados, no se consideran parte de la fuerza laboral.

En un mercado laboral competitivo, el precio del trabajo —la tarifa salarial— depende en gran parte de la oferta y la demanda. A los trabajadores se les paga según su **productividad**, o sea su nivel de producción. La demanda competitiva por los trabajadores hace subir los sueldos. Unas empresas tratan de reducir los costos del trabajo instalando máquinas para remplazar a las personas. La oferta de trabajadores proviene de los hogares. Cuanto más alto el salario, mayor será la oferta de trabajadores. El **salario de equilibrio** es la tarifa salarial que no produce ni un exceso en la oferta de trabajadores ni un exceso en la demanda de trabajadores.

Los empleos se pueden clasificar en cuatro niveles de destreza o calificación. Los **trabajadores no calificados** realizan trabajos que no requieren destrezas ni capacitación especial. Los **trabajadores semicalificados** tienen cierto nivel mínimo de educación y destrezas especializadas. Los **trabajadores calificados** tienen destrezas y capacitación especializados. Los **trabajadores profesionales** son quienes tienen educación y destrezas avanzadas. Los trabajadores con destrezas más altas generalmente reciben mejor salario. Además, los afiliados a sindicatos generalmente reciben mejor salario por el mismo trabajo que los trabajadores no afiliados a un sindicato.

En la década de 1960, el Congreso prohibió la discriminación en los salarios con base en la raza o el sexo. Sin embargo, las mujeres todavía ganan apenas como el 75 por ciento de lo que ganan los hombres, y las minorías generalmente reciben menos paga que los blancos. En ciertos lugares de trabajo hay un **techo de cristal**, o sea una barrera invisible y extraoficial que impide que las mujeres y las minorías avancen en la empresa.

La idea PRINCIPAL

En el mercado laboral, los sueldos dependen principalmente de la oferta y la demanda.

PREGUNTA DE REPASO

¿Qué determina las tarifas salariales en el mercado laboral?

SECCIÓN 3 *EL SINDICALISMO*

RESUMEN DEL TEXTO

La idea PRINCIPAL

Los sindicatos de trabajadores se crearon para mejorar las condiciones de trabajo para sus afiliados.

El movimiento sindical de trabajadores, que tomó forma durante más de un siglo, fue sobre todo la respuesta a los cambios producidos por la Revolución industrial y las humillaciones del trabajo en las fábricas. Samuel Gompers, quien fundó la Federación Norteamericana del Trabajo (American Federation of Labor) en 1886, se concentró sobre todo en tres reformas: sueldos más altos, menos horas y más seguridad en el lugar de trabajo. La afiliación a los sindicatos llegó a su nivel más alto en la década de 1940 y, en 1947, en un esfuerzo por frenar el poder de los sindicatos, el Congreso aprobó la Ley Taft-Hartley, que autorizaba a los estados a aprobar leyes de derecho al trabajo. Desde la década de 1940, el número de miembros en los sindicatos ha disminuido y en el año 2000, había bajado hasta el 13,5% de la fuerza de trabajo.

En un lugar de trabajo que tenga representación sindical, la dirección y los trabajadores se reúnen periódicamente para negociar los contratos de empleo que incluyen los salarios y beneficios salariales, las condiciones y la seguridad en el lugar de trabajo, por medio de un proceso conocido como **negociación colectiva.** Si se llega a un punto muerto, los miembros del sindicato pueden votar por la **huelga** (un proceso que puede ser devastador para los trabajadores y la dirección). A veces, las dos partes recurren a la **mediación**, por la que se le pide a una tercera parte que busque una solución aceptable para ambas partes. No obstante, la mediación no es vinculante. Si falla, las negociaciones puede que se resuelvan por **arbitraje**, en el que la decisión de la tercera parte es legalmente vinculante.

PREGUNTA DE REPASO

¿Cuál es el objeto de un sindicato de trabajadores?

Nombre ______________________ Clase ______________ Fecha ________

CAPÍTULO 9 Prueba

IDENTIFICAR LAS IDEAS PRINCIPALES

Escribe la letra de la respuesta correcta en el espacio en blanco. (10 puntos cada una)

____ **1.** Cita una razón que hizo aumentar los afiliados a sindicatos en la década de 1930.

A. El congreso prohibió contratar únicamente obreros sindicalizados.
B. El congreso aprobó leyes que favorecían a los sindicatos.
C. La AFL y el CIO se unieron nuevamente.
D. Se fundó la AFL.

____ **2.** Un sindicato de trabajadores es una organización que

A. exige que todos los trabajadores se afilien.
B. procura mejorar los salarios y prestaciones sociales para sus afiliados.
C. ha sido declarada ilegal por los tribunales.
D. generalmente tiene los mismos objetivos que la gerencia de la empresa.

____ **3.** Negociación colectiva significa que

A. los representantes del sindicato y de la empresa negocian contratos nuevos.
B. los trabajadores se van a la huelga para lograr sus objetivos.
C. los tribunales deciden cuánto pagarán las empresas a sus trabajadores.
D. os sindicatos siempre cumplen todos sus objetivos.

____ **4.** De las siguientes personas, ¿cuáles se consideran parte de la fuerza laboral?

A. un sargento del ejército
B. la niña de 14 años que tiene un empleo por las tardes
C. la persona que perdió su empleo pero que está buscando otro
D. la madre que está criando a sus hijos en casa

____ **5.** ¿Qué significa productividad?

A. la cantidad que se produce
B. la clase de productos que hace una empresa
C. el salario que se le paga a un trabajador
D. remplazar a los trabajadores con máquinas

____ **6.** ¿Cuándo hay un salario de equilibrio?

A. cuando el congreso fija un salario mínimo nuevo
B. cuando hay más demanda de trabajadores que oferta
C. cuando no hay exceso en la demanda de trabajadores ni en la oferta de trabajadores
D. cuando hay más oferta de trabajadores que demanda

____ **7.** ¿Cuál de los siguientes trabajadores probablemente recibirá el mejor sueldo?

A. el trabajador no calificado
B. el trabajador semicalificado
C. el trabajador calificado
D. el trabajador profesional

____ **8.** ¿Qué tipo de trabajo registra más crecimiento en Estados Unidos?

A. la manufactura pesada
B. lo relacionado con la información
C. la agricultura
D. la enseñanza

____ **9.** Otro nombre para trabajo temporal es

A. empleo contingente
B. empleo de servicio
C. el techo de cristal
D. trabajadores no calificados

____ **10.** ¿Cuál de los siguientes describe mejor el cambio en el promedio de ingresos semanales desde 1980?

A. El promedio de los ingresos semanales ha disminuido para todos.
B. El promedio de los ingresos semanales ha aumentado para todos.
C. El promedio de los ingresos semanales ha aumentado para los trabajadores con educación universitaria.
D. El promedio de los ingresos semanales ha aumentado muchísimo para las personas sin título universitario.

CAPÍTULO 10

El dinero y la banca

SECCIÓN 1 EL DINERO

RESUMEN DEL TEXTO

La idea **PRINCIPAL**

El dinero sirve como medio de intercambio, como unidad de cuenta y como reserva de valor.

Dinero es todo lo que sirva como medio de intercambio, como unidad de cuenta y como reserva de valor. Un **medio de intercambio** es todo lo que se use para medir el valor cuando se intercambian bienes y servicios. Como **unidad de cuenta**, el dinero es una manera de comparar el valor de los bienes y servicios. El dinero también se puede usar como una **reserva de valor**. Esto significa que el dinero conserva el valor si uno lo guarda.

Las monedas y el papel billete que se usan como dinero en la sociedad se llaman **moneda corriente**. La moneda corriente debe tener seis características: durabilidad, portabilidad, divisibilidad, uniformidad, escasez y aceptabilidad. Tiene que tener durabilidad, o sea que debe resistir mucho uso. Tiene que tener portabilidad, es decir, debe ser fácil de cargar y trasladar. Tiene que ser divisible, o sea que se puede dividir fácilmente en unidades más pequeñas. Tiene que tener uniformidad, lo cual significa que la gente puede contar y medir el dinero con precisión. La moneda corriente debe mostrar escasez, es decir que la cantidad total es una oferta controlada. Por último, tiene que tener aceptabilidad, o sea que la deben aceptar todas las personas de la sociedad.

La **moneda representativa** representa un objeto de valor por el cual se puede cambiar algo. Por ejemplo, una forma antigua de moneda representativa fueron los recibos de papel que representaban oro o plata. Hoy en Estados Unidos se usa **moneda fiduciaria**. Este tipo de dinero tiene valor porque el gobierno declara que es un medio aceptable para el pago de deudas.

PREGUNTA DE REPASO

Explica la diferencia entre moneda representativa y moneda fiduciaria.

SECCIÓN 2

La historia de la banca en Estados Unidos

RESUMEN DEL TEXTO

Un **banco** es una institución que se dedica a recibir, guardar y prestar dinero. En 1791, el Congreso constituyó el Banco de Estados Unidos, una institución que prestaba dinero al gobierno federal y emitía billetes bancarios, una forma de moneda representativa respaldada por oro y plata. El banco trajo orden y estabilidad a la banca estadounidense. Sin embargo, muchas personas se opusieron a su formación. Temían que un banco centralizado tan sólo respondiera a las necesidad de los ricos y de las grandes empresas. El banco dejó de existir en 1811, cuando se venció su carta de constitución, o licencia. Otro banco central terminó igual, en 1836. El período entre 1837 y 1863 se conoce como la era de la banca libre. Fue un período dominado por bancos constituidos por los estados. Muchos no tenían suficiente oro y plata para respaldar su dinero de papel.

Durante la Guerra Civil, el Congreso aprobó importantes reformas bancarias. Estas leyes le dieron al gobierno federal el poder para constituir bancos. Ahora los bancos tenían que mantener suficientes reservas de oro y plata. El gobierno también impuso una moneda corriente que era de alcance nacional y de valor uniforme.

En 1913, el Congreso estableció el **Sistema de la Reserva Federal**. Este vino a ser el primer **banco central** verdadero del país, es decir un banco que le hace préstamos a otros bancos en momentos de necesidad. En la década de 1930, la fuerte caída económica llamada la **Gran Depresión** obligó a hacer nuevas leyes para reglamentar los bancos. Una de ellas estableció la **Federal Deposit Insurance Corporation (FDIC)**, que asegura los depósitos de los clientes en caso de que un banco quiebre.

La idea PRINCIPAL

La banca en Estados Unidos ha fluctuado entre sistemas centralizados y descentralizados. Fue así como se llegó al sistema bancario estable que tenemos hoy.

PREGUNTA DE REPASO

¿Cuál es el propósito de la Federal Deposit Insurance Corporation?

SECCIÓN 3 *LA BANCA DE HOY*

RESUMEN DEL TEXTO

La **moneda circulante** es todo el dinero que hay disponible en la economía de Estados Unidos. La moneda circulante se divide en categorías llamadas M1 y M2. La categoría M1 es el dinero que la gente puede usar fácilmente para pagar bienes y servicios, e incluye la moneda corriente y los depósitos en cuentas corrientes. Éstos son activos que tienen **liquidez**, o sea que se pueden usar como dinero efectivo o convertirse fácilmente en dinero efectivo. La categoría M2 está formada por todos los activos que hay en M1 más otros activos que son menos líquidos, por ejemplo las cuentas de ahorro y los **fondos mutuos del mercado monetario.** Estos son fondos que reúnen el dinero de inversionistas pequeños para comprar bonos emitidos por el gobierno o por sociedades anónimas.

El servicio básico que prestan los bancos es ofrecer un medio seguro para que la gente pueda guardar y ahorrar su dinero. Los bancos ofrecen cuentas de ahorro, cuentas corrientes, cuentas del mercado monetario y certificados de depósito. La mayor parte de estas cuentas paga **intereses**, es decir el precio que se paga por usar dinero prestado. Los bancos también dan préstamos, hipotecas y tarjetas de crédito. Una **hipoteca** es un préstamo que se usa para comprar bienes raíces. Cuando los bancos prestan dinero, obtienen ganancias mediante el cobro de intereses. El prestatario también tiene que devolver el **capital**, que es la suma de dinero que tomó en préstamo.

Las computadoras están cambiando el mundo bancario. Los cajeros automáticos son computadoras que los clientes pueden usar para depositar y retirar dinero, y para obtener información. Muchas personas están comenzando a usar Internet para manejar sus finanzas. Más y más instituciones financieras permiten que sus clientes consulten sus saldos, trasladen dinero entre cuentas y paguen sus cuentas por computadora.

La idea PRINCIPAL

Con el correr de los años, los bancos han agregado más y más servicios. Hoy, gracias a Internet y las computadoras, le es mucho más fácil a la gente manejar su dinero.

PREGUNTA DE REPASO

¿Qué se incluye en las dos categorías de la moneda circulante?

Nombre ______________________ Clase ______________ Fecha ________

CAPÍTULO 10 *Prueba*

IDENTIFICAR LAS IDEAS PRINCIPALES

Escribe la letra de la respuesta correcta en el espacio en blanco. (10 puntos cada una)

____ **1.** ¿Para cuál de estas cosas NO se usa el dinero?

A. como medio de intercambio
B. como unidad de cuenta
C. como reserva de valor
D. como medio de trueque

____ **2.** La uniformidad de la moneda corriente significa que ésta

A. se puede dividir fácilmente.
B. se puede medir y contar fácilmente.
C. es aceptada por todos en la sociedad.
D. es escasa.

____ **3.** La moneda representativa debe su valor a que

A. representa objetos de valor por los cuales puede cambiarse.
B. está respaldada por plata u oro.
C. el gobierno declara que es un medio aceptable para pagar deudas.
D. es un producto básico de valor.

____ **4.** ¿Qué tipo de moneda corriente se usa hoy en Estados Unidos?

A. moneda representativa
B. moneda fiduciaria
C. moneda escasa
D. oro y plata

____ **5.** Un banco es una institución

A. que pertenece a los comerciantes.
B. que recauda impuestos para el gobierno.
C. que recibe, guarda y presta dinero.
D. que reglamenta el comercio entre los estados.

____ **6.** La era de la banca libre entre 1837 y 1863 estuvo dominada por

A. bancos federales.
B. bancos constituidos por los estados.
C. bancos de ahorros y préstamos.
D. el Banco de Estados Unidos.

____ **7.** El primer banco central verdadero del país fue

A. el Sistema de la Reserva Federal.
B. la Federal Deposit Insurance Corporation.
C. el Banco de Estados Unidos.
D. los bancos constituidos por el gobierno federal durante la Guerra Civil.

____ **8.** Los activos que tienen liquidez son

A. fáciles de dar o tomar en préstamo.
B. fáciles de convertir en plata y oro.
C. fáciles de convertir en dinero efectivo.
D. difíciles de convertir en dinero efectivo.

____ **9.** El servicio más básico que presta un banco es

A. ofrecer un medio seguro para guardar y ahorrar dinero.
B. pagar intereses.
C. emitir tarjetas de crédito.
D. dar hipotecas.

____ **10.** Los cajeros automáticos son computadoras

A. que se usan para comprar mercancías en Internet.
B. que se usan para conseguir hipotecas.
C. que se usan para hacer llamadas telefónicas de larga distancia.
D. que los clientes usan para hacer sus transacciones bancarias.

CAPÍTULO 11

Los mercados financieros

SECCIÓN 1 AHORROS E INVERSIONES

RESUMEN DEL TEXTO

La idea PRINCIPAL

Las inversiones, clave del crecimiento económico, son posibles gracias a un sistema financiero de ahorradores, prestatarios e intermediarios.

Las inversiones fomentan el crecimiento económico. **Invertir** es el acto de distribuir los recursos para que no se utilicen hoy y puedan producir beneficios en el futuro. El **sistema financiero** posibilita las inversiones al permitir la transferencia de dinero entre los ahorradores y los prestatarios. Los ahorradores son hogares y negocios que prestan sus ahorros. Los prestatarios son los gobiernos y las empresas que utilizan el dinero prestado para construir carreteras, fábricas y viviendas. Los prestatarios también pueden utilizar estos fondos para crear productos o servicios nuevos.

Los **intermediarios financieros** son instituciones que ayudan a canalizar los fondos entre los ahorradores y los prestatarios. Entre estos se cuentan los bancos y los **fondos mutuos**, que son fondos en los que se reúnen los ahorros de muchas personas y este dinero se invierte de diversas formas. Los intermediarios financieros les ofrecen tres ventajas principales a los ahorradores: reducen el riesgo, al ayudarles a la personas a invertir en una variedad de oportunidades. El concepto de distribuir las inversiones para reducir el riesgo se llama **diversificación**. Los intermediarios financieros también les proporcionan información y liquidez a los inversionistas.

Al ahorrar e invertir hay que compensar una cosa por otra. Por ejemplo, las cuentas de ahorro tienen un riesgo muy bajo y tienen liquidez, pero su rendimiento es bajo. El **rendimiento** es el dinero, por ejemplo en forma de intereses, que recibe el inversionista, encima de la suma de dinero que invirtió inicialmente. Por lo general, las inversiones de más riesgo o de menos liquidez ofrecen un rendimiento potencial más elevado. Los inversionistas estarán más tentados a correr un mayor riesgo, o a renunciar a la liquidez, si tienen la oportunidad de ganar más dinero con su inversión.

PREGUNTA DE REPASO

¿Cómo posibilita el sistema financiero las inversiones?

SECCIÓN 2

BONOS Y OTROS INSTRUMENTOS

RESUMEN DEL TEXTO

Los bonos son préstamos que el gobierno o una sociedad anónima le tiene que pagar al inversionista. Por lo general, los bonos pagan una suma fija de intereses a intervalos periódicos durante un período de tiempo establecido. Al **vencimiento**, o sea cuando llega a su fin dicho período, el emisor, la entidad que emite el bono, le paga al inversionista el **valor nominal** del bono, es decir, el monto original de la inversión.

A los inversionistas les agradan los bonos porque se trata de buenas inversiones y generalmente son de bajo riesgo. Pero debido precisamente a que los bonos son inversiones de bajo riesgo, a menudo sus rendimientos son menores que los de otras inversiones. A los emisores les agradan los bonos porque una vez se vende el bono, se fija su tasa de interés y ésta ni sube ni baja. No obstante, los emisores tienen que pagar intereses con regularidad y tienen que reembolsar el capital al vencimiento ... aun si es en un año difícil.

Existen varios tipos de bonos. Los **bonos de ahorro** los emite el gobierno de Estados Unidos. El Departamento del Tesoro de Estados Unidos emite los **bonos del tesoro**, y los gobiernos estatales, locales y municipales emiten **bonos municipales**. Los intereses que pagan los bonos emitidos por el gobierno, están exentos de impuestos. Las sociedades anó-nimas venden **bonos empresariales** con el fin de recaudar dinero para ampliar sus negocios.

Otros tipos de instrumentos financieros incluyen los certificados de depósito (CD) y los fondos mutuos. Muchas veces los mercados de instrumentos financieros se clasifican según el plazo es decir la duración del préstamo. Los **mercados de capital** son mercados en los cuales se presta el dinero por un período de tiempo de más de un año. Los **mercados monetarios** son aquéllos en los que el dinero se presta por menos de un año.

La idea PRINCIPAL

Las sociedades anónimas y los gobiernos toman dinero en préstamo mediante la venta de bonos y otros instrumentos financieros.

PREGUNTA DE REPASO

Generalmente ¿cómo se pagan los intereses de los bonos?

SECCIÓN 3 *LA BOLSA DE VALORES*

RESUMEN DEL TEXTO

La idea **PRINCIPAL**

Las sociedades anónimas venden acciones a los inversionistas con el fin de recaudar dinero. Las acciones se compran y venden en las bolsas de valores.

Las sociedades anónimas venden acciones para recaudar el dinero que necesitan para poner en marcha sus negocios y sostener su crecimiento. Los inversionistas obtienen ganancias de dos maneras: reciben dividendos, o sea, pagos que les hacen las sociedades anónimas a los accionistas, o bien, venden las acciones por más de lo que pagaron por ellas. La diferencia entre lo que se paga y lo que se recibe se conoce como **ganancia de capita**. Sin embargo, la compra de acciones es arriesgada. El precio de la acción puede disminuir. Los inversionistas que venden sus acciones por menos de lo que pagaron por ellas sufrirán una **pérdida de capital**.

Las acciones se compran y se venden en mercados que se conocen como bolsas de valores (o mercados bursátiles). Cuando las personas hablan de "la bolsa", generalmente se refieren a la Bolsa de Valores de Nueva York, NYSE, la más grande del país. El desempeño de la Bolsa NYSE con frecuencia se mide según el desempeño de unas pocas acciones que se incluyen en el Índice Promedio de Acciones Industriales Dow Jones, que también se conoce como el "**índice Dow**". Cuando la bolsa crece continuamente durante un período de tiempo, se dice que el mercado tiene **tendencia al alza**. Cuando los valores disminuyen por un período de tiempo, se dice que el mercado tiene **tendencia a la baja**. En la década de 1920, cuando el mercado tuvo una gran tendencia al alza, muchas personas **especularon**, es decir hicieron inversiones de alto riesgo con dineros prestados, esperanzados de que lograrían grandes ganancias. Este período culminó con el colapso del mercado bursátil que se vino a conocer como "el gran crac" de octubre de 1929. Otra ocasión en la que se produjo un mercado con gran tendencia al alza ocurrió en la década de 1990. Este mercado bursátil terminó en el año 2000.

PREGUNTA DE REPASO

¿Cuál es la diferencia entre una ganancia de capital y una pérdida de capital?

Nombre________________________ Clase ________________ Fecha ________

CAPÍTULO 11 *Prueba*

IDENTIFICAR LAS IDEAS PRINCIPALES

Escribe la letra de la respuesta correcta en el espacio en blanco. (10 puntos cada una)

____ **1.** Invertir es el acto de

A. Depositar dinero en una cuenta de ahorros.
B. Distribuir los recursos para que no se utilicen hoy y puedan producir beneficios en el futuro.
C. Utilizar recursos para las necesidades actuales.
D. Desarrollar productos nuevos.

____ **2.** Un sistema financiero reúne a

A. los ahorradores y los prestatarios.
B. los ahorradores y los consumidores.
C. los bancos y los fondos mutuos.
D. los gobiernos y las empresas.

____ **3.** El intermediario financiero tiene por propósito ayudar a canalizar fondos

A. entre un banco y otro.
B. entre los bonos de ahorros y proyectos de construcción.
C. entre los ahorradores y los prestatarios.
D. entre las acciones y los bonos.

____ **4.** ¿Cuál de los siguientes es una razón para la diversificación?

A. Obtener el rendimiento más alto posible
B. Obtener los mayores dividendos
C. Eliminar el riesgo
D. Reducir el riesgo

____ **5.** Los bonos son

A. préstamos.
B. dividendos.
C. acciones.
D. certificados de depósito.

____ **6.** El valor nominal de un bono generalmente se paga

A. después de 30 años.
B. cuando el prestamista lo exija.
C. al vencimiento.
D. cuando cambian las tasas de interés.

____ **7.** ¿Cuáles de los siguientes bonos son emitidos por el gobierno de Estados Unidos?

A. los bonos empresariales
B. los bonos de ahorro
C. los bonos basura
D. los bonos municipales

____ **8.** Los inversionistas que venden acciones por un valor menor al que pagaron por ellas sufren

A. una ganancia de capital.
B. una pérdida de capital.
C. un rendimiento sobre la inversión.
D. un dividendo negativo.

____ **9.** Cuando los valores del mercado disminuyen por un período de tiempo se conoce como

A. un mercado con tendencia a la baja.
B. un mercado con tendencia al alza.
C. un crac.
D. una depresión.

____ **10.** La especulación es

A. hacer inversiones de bajo riesgo con dinero prestado, con la esperanza de lograr rendimientos bajos.
B. hacer inversiones de alto riesgo con dinero prestado, con la expectativa de lograr rendimientos altos.
C. la inversión de grandes sumas de dinero en fondos mutuos.
D. la diversificación en la compra de acciones en una serie de empresas diversas.

CAPÍTULO 12

El producto interno bruto y el crecimiento

SECCIÓN 1 EL PRODUCTO INTERNO BRUTO

RESUMEN DEL TEXTO

La idea PRINCIPAL

Los economistas utilizan el producto interno bruto (el PIB) y otros cálculos para determinar cómo está marchando la economía del país.

Los economistas estudian el desempeño de la economía utilizando la **contabilidad nacional de ingresos**, un sistema para recabar estadísticas acerca de la economía. El Departamento de Comercio del gobierno federal de Estados Unidos recoge y clasifica estos datos por medio de las Cuentas de Ingresos y Productos Nacionales.

La cifra más importante de estas estadísticas es el **producto interno bruto (PIB)**, el valor en dólares de todos los bienes y servicios terminados que se producen dentro de las fronteras del país en un año dado. El PIB no incluye los **bienes intermedios**, bienes que se utilizan para producir los bienes terminados. Por ejemplo, se incluye en el PIB el precio de una casa nueva que se venda, pero no se incluyen los clavos ni la madera que se utilizaron para construirla. El PIB incluye los bienes producidos por compañías extranjeras radicadas en el país, pero no los bienes producidos por compañías estadounidenses en otros países.

Los cambios en los precios pueden distorsionar el PIB. Para corregir esto, los economistas calculan el **PIB real**, es decir, el PIB expresado en precios constantes, que no cambian.

Otra estadística importante es el **producto nacional bruto (PNB)**. El PNB incluye los ingresos generados por las compañías estadounidenses fuera del país, pero no incluye los ingresos generados por las compañías extranjeras que hacen negocios dentro de Estados Unidos.

Como es de esperarse, la oferta y la demanda afectan el PIB. Los economistas calculan el **nivel de precios**, o sea el promedio de todos los precios en la economía, para establecer la **oferta agregada**, que es la cantidad total de bienes y servicios disponibles en la economía a todos los niveles de precios posibles. La **demanda agregada** es la cantidad de bienes y servicios en la economía que se comprarán a todos los niveles de precios posibles. En una gráfica, el punto en donde se cruzan la oferta agregada y la demanda agregada representa el nivel de precios de equilibrio para la economía.

PREGUNTA DE REPASO

¿Qué es el PIB?

SECCIÓN 2 LOS CICLOS DE NEGOCIOS

RESUMEN DEL TEXTO

El **ciclo de negocios** consta de un período de expansión, seguido por un período de contracción. Los ciclos de negocios representan cambios de importancia en el PIB, bien sea hacia arriba o hacia abajo de los niveles normales. Los ciclos de negocios consisten en cuatro fases: la **expansión** es un período de crecimiento económico, medido según un aumento en el PIB real. El **pico** es el punto máximo de la expansión, cuando el PIB deja de aumentar. Después del pico sigue una **contracción**, cuando se produce una caída en el PIB real. El punto más bajo en la contracción, cuando el PIB deja de disminuir, se conoce como **el fondo**. Cuando la contracción se prolonga durante por lo menos seis meses se le llama **recesión**. Una **depresión** es una recesión prolongada y severa.

Los ciclos de negocios se ven afectados por cuatro factores principales: las inversiones en negocios, las tasas de interés y el crédito, las expectativas de los consumidores y los impactos externos imprevistos. Por ejemplo, la creciente inversión en negocios generalmente conduce a un aumento en la producción y en el empleo, lo cual ayuda a aumentar el PIB y a ampliar la economía. Sin embargo, una caída en los desembolsos de los negocios reduce la producción y los ingresos, lo cual puede llevar a una disminución en el PIB. Los economistas estudian estos factores con miras a predecir la siguiente etapa en el ciclo de negocios.

La actividad económica en Estados Unidos se ha conformado a un patrón de ciclos. La Gran Depresión, que comenzó en 1929, representa la caída económica de mayor gravedad. Desde entonces han habido varias recesiones, incluso dos recesiones breves en 1991 y 2001. A partir de ese año, la economía entró en un período de crecimiento lento e irregular.

La idea PRINCIPAL

Los encargados de establecer las políticas estudian los ciclos de negocios con el objetivo de tratar de predecir la siguiente fase de la economía.

PREGUNTA DE REPASO

Explica cómo las inversiones en los negocios pueden afectar los ciclos de negocios.

SECCIÓN 3 *EL CRECIMIENTO ECONÓMICO*

RESUMEN DEL TEXTO

La idea
PRINCIPAL

El crecimiento económico es un aumento constante y prolongado en el PIB real de un país, el cual tiende a mejorar el estándar de vida.

La medida básica de la tasa de crecimiento económico de un país es el cambio porcentual en el PIB real durante un período de tiempo dado. La población de los países tiende a crecer. El PIB real tiene que sostenerse a la par con la tasa de crecimiento de la población. La mejor forma de medir el estándar de vida de un país es el **PIB real per cápita**. Esta cifra representa el PIB real de una nación dividido entre el número de personas que tiene el país (per cápita significa por persona). El PIB real per cápita les permite a los economistas comparar la economía en diversas épocas y entre diversos países.

El capital físico contribuye al producto de una economía y fomenta el crecimiento económico. La **profundización del capital**, el proceso mediante el cual se aumenta el monto de capital por trabajador, es una de las fuentes de crecimiento más importantes en las economías modernas. Los aumentos en el capital humano también llevan al crecimiento económico. Los trabajadores más educados podrán producir más por hora de trabajo.

La economía aumenta su capital mediante el ahorro y las inversiones. El **ahorro** es el ingreso que los consumidores no desembolsan para comprar bienes y servicios. El dinero que se ahorra, que puede mantenerse en un banco, se puede usar para hacer inversiones. La **tasa de ahorro** es la relación entre el ingreso disponible que se desembolsa y el ingreso disponible que se ahorra. A la larga, una tasa de ahorro más alta significa un mayor crecimiento en el PIB real.

Aparte de la profundización del capital, la otra fuente clave de crecimiento económico es el **progreso tecnológico**. Éste representa un aumento en la eficiencia que se logra al producir más sin utilizar más insumos.

PREGUNTA DE REPASO

¿Qué es la profundización del capital?

Nombre ______________________ Clase ______________ Fecha ________

CAPÍTULO 12 *Prueba*

IDENTIFICAR LAS IDEAS PRINCIPALES

Escribe la letra de la respuesta correcta en el espacio en blanco. (10 puntos cada una)

____ **1.** La cifra más importante en la contabilidad nacional de ingresos es la

A. de los bienes intermedios.
B. de los bienes terminados.
C. del producto nacional bruto.
D. del producto interno bruto.

____ **2.** El PIB real

A. distorsiona el nivel de precios en el PIB.
B. expresa el PIB en precios constantes.
C. mide sólo los bienes intermedios.
D. es otra manera de referirse al PNB.

____ **3.** ¿Cuál de los siguientes es parte del producto interno bruto?

A. un bien intermedio
B. un servicio que se produce y se utiliza en otro país
C. un pez que uno mismo pesca y consume
D. un pescado que uno compra en una tienda

____ **4.** El promedio de todos los precios en una economía es

A. a oferta agregada.
B. la demanda agregada.
C. el nivel de precios.
D. el producto nacional bruto.

____ **5.** ¿Qué es un ciclo de negocios?

A. un período de mayor crecimiento económico
B. un período de crecimiento económico seguido de una contracción económica
C. la cantidad de tiempo que toma un negocio para producir sus productos
D. una época peligrosa para todos los negocios

____ **6.** En el ciclo de negocios, la fase cuando el PIB real deja de disminuir es

A. la expansión.
B. el pico.
C. la contracción.
D. el fondo.

____ **7.** ¿Qué es una recesión?

A. un período en el que el PIB disminuye durante por lo menos seis meses
B. una depresión larga y severa
C. una expansión muy leve y corta
D. un período durante el cual la economía no se amplía ni se contrae

____ **8.** ¿Cuál es la mejor forma de medir el estándar de vida de un país?

A. el PIB real per cápita
B. el crecimiento de la población
C. los ahorros
D. los ingresos nacionales

____ **9.** Un aumento en el capital se llama

A. capital humano
B. la tasa de ahorro
C. la profundización del capital
D. el producto de la economía

____ **10.** El progreso tecnológico conduce a

A. un aumento en la eficiencia.
B. una disminución en la eficiencia.
C. una pérdida de interés en el capital humano.
D. tasas de ahorro más bajas.

CAPÍTULO 13

Los retos económicos

SECCIÓN 1 EL DESEMPLEO

RESUMEN DEL TEXTO

La idea PRINCIPAL

La cantidad y los tipos de desempleo son una medida de la salud de toda la economía.

Los economistas analizan cuatro tipos de desempleo. El **desempleo friccional** ocurre cuando las personas están entre empleos o cuando regresan a la fuerza laboral después de un tiempo sin trabajar. El **desempleo estacional** ocurre en industrias que reducen su ritmo de producción o que cierran por algún tiempo del año, por ejemplo después de la cosecha o después de la temporada de fiestas en diciembre. El **desempleo estructural** sucede cuando las destrezas de los trabajadores no concuerdan con los empleos que hay disponibles. Por ejemplo, las nuevas tecnologías pueden costar empleos en industrias que dependen de las viejas maneras de hacer las cosas. El **desempleo cíclico** ocurre durante las recesiones, cuando decae la demanda de bienes y servicios. La disminución de la producción que resulta hace disminuir la demanda de trabajadores, y las empresas dejan cesantes a sus empleados.

La cantidad de desempleo es un indicador importante de la salud de la economía de un país. El gobierno federal vigila el **índice de desempleo**, o sea el porcentaje de la fuerza laboral que no está trabajando. Para determinar el índice de desempleo, cada mes el Despacho de Estadísticas Laborales hace sondeos de una muestra grande de la población.

Como el desempleo friccional, estacional y estructural suceden incluso en una economía que está marchando bien, los economistas prevén que siempre habrá algún nivel de desempleo. Un índice de desempleo del 4 al 6 por ciento se considera **empleo pleno**, o sea el nivel de empleo que se alcanza cuando no hay desempleo cíclico. Sin embargo, algunas personas con empleo están **subempleadas**. Esto significa que trabajan a tiempo parcial pero desearían un empleo a tiempo completo o bien, trabajan en empleos que no hacen uso pleno de sus destrezas.

PREGUNTA DE REPASO

¿Por qué prevén los economistas que siempre habrá algún nivel de desempleo en la economía?

SECCIÓN 2 *La inflación*

RESUMEN DEL TEXTO

La **inflación** es un aumento general de los precios. En un período de inflación, debido a que los precios están en alza, se compra menos con la misma cantidad de dinero. Por lo tanto, la inflación reduce el **poder adquisitivo**, o sea la capacidad para comprar bienes y servicios. Para vigilar la inflación, los economistas usan un **índice de precios**, que es una medida que indica cómo el precio promedio de cierto conjunto de bienes cambia con el tiempo. El más conocido de éstos es el **Índice de precios al consumidor (IPC)**. El IPC mide los precios de una **canasta familiar**, una colección representativa de los bienes y servicios que utiliza el consumidor urbano típico. Los economistas calculan el cambio en el IPC de un año al otro para determinar el **índice de inflación**, o sea el porcentaje de cambio en los precios con el tiempo.

Los economistas dan tres razones por las cuales comienza la inflación. La **teoría de la cantidad** dice que el exceso de dinero en la economía produce inflación. Según la **teoría de la presión de la demanda**, hay inflación cuando la demanda de bienes y servicios sobrepasa la oferta existente. Por último, la **teoría del impulso de los costos** dice que hay inflación cuando los productores suben los precios con el fin de pagar los crecientes costos de los trabajadores y la materia prima. La inflación que es impulsada por los costos puede causar una **espiral de salarios y precios**. Éste es el proceso en el cual los aumentos en un tipo de precios hacen subir otros precios.

Típicamente, cuando el desempleo cae a niveles muy bajos, la inflación tiende a aumentar. La oferta de trabajadores disponibles disminuye y los salarios suben. Pero a finales de la década de 1990, el desempleo cayó a niveles muy bajos y la inflación también se mantuvo baja. Los economistas no estaban de acuerdo en cuanto a las razones que explicaban esta combinación de desempleo bajo con inflación baja.

La idea PRINCIPAL

Los precios en alza y el índice de inflación pueden afectar los salarios, el poder adquisitivo, y muchos otros aspectos de la vida cotidiana.

PREGUNTA DE REPASO

¿Cómo vigilan la inflación los economistas?

SECCIÓN 3 LA POBREZA

RESUMEN DEL TEXTO

La idea PRINCIPAL

Pese al éxito de la economía de Estados Unidos, millones de personas siguen siendo pobres.

El gobierno define una familia pobre como una familia cuyos ingresos totales son menos que la cantidad necesaria para satisfacer las necesidades mínimas. La Oficina del Censo de Estados Unidos determina el **umbral de pobreza**, el nivel de ingresos por debajo de lo necesario para mantener un hogar o familia. Este umbral varía según el tamaño de la familia. En 2002, el umbral era $12,400 para un adulto con un niño, y $18,244 para una familia de cuatro con dos hijos. El **índice de pobreza** es el porcentaje de personas que viven en hogares clasificados por debajo del umbral de pobreza. En Estados Unidos, el índice de pobreza varía entre los diversos grupos. Entre los afroamericanos o los latinos, es dos veces más alto que entre los blancos.

Las causas de la pobreza incluyen desempleo, falta de educación, discriminación por raza o sexo. Muchas personas pobres viven en el centro de las ciudades o en zonas rurales aisladas, donde hay pocos empleos que paguen bien. Otras causas de la pobreza son épocas de lentitud de la economía y el creciente número de familias en las que hace falta el padre o la madre.

En Estados Unidos hay millones de pobres, pero también es el país con el PIB per cápita más alto del mundo. Esto se debe a que la **distribución de los ingresos**, o sea la manera como se reparten los ingresos entre la población, es desigual. El 20 por ciento de las personas más ricas tienen ingresos que son más de 13 veces más altas que los ingresos del 20 por ciento más pobre. El gobierno invierte miles de millones de dólares en programas para reducir la pobreza. Por ejemplo, las **zonas de iniciativa** son regiones con un alto nivel de desempleo donde se pueden establecer empresas sin pagar ciertos impuestos.

PREGUNTA DE REPASO

¿Qué es el umbral de pobreza?

Nombre ______________________ Clase ______________ Fecha ______

CAPÍTULO 13 Prueba

IDENTIFICAR LAS IDEAS PRINCIPALES

Escribe la letra de la respuesta correcta en el espacio en blanco. (10 puntos cada una)

____ **1.** Cuando un obrero en una granja pierde su empleo después de la cosecha, éste es un ejemplo de

A. desempleo friccional.
B. desempleo estacional.
C. desempleo estructural.
D. desempleo cíclico.

____ **2.** ¿Cuál de estas frases describe el empleo pleno?

A. Todos los que quieren empleo lo tienen.
B. No hay nadie desempleado.
C. No hay desempleo cíclico.
D. No hay desempleo estructural.

____ **3.** Las personas que están subempleadas

A. ya no buscan trabajo.
B. trabajan a tiempo parcial o en empleos que no hacen uso pleno de sus destrezas.
C. son lo mismo que trabajadores desempleados.
D. solamente experimentan el desempleo friccional.

____ **4.** Un aumento general de precios se llama

A. inflación.
B. poder adquisitivo.
C. el IPC.
D. el índice de precios.

____ **5.** El índice de inflación es

A. la capacidad de comprar bienes o servicios.
B. algo que se mide en dólares fijos.
C. una medida que no les interesa a los economistas.
D. el porcentaje de cambio en los precios con el tiempo.

____ **6.** La inflación reduce el poder adquisitivo de la gente porque

A. la misma cantidad de dinero compra más bienes y servicios.
B. la misma cantidad de dinero compra menos bienes y servicios.
C. hay que cambiar la canasta familiar cada año.
D. no hay suficiente dinero en la economía.

____ **7.** ¿Qué es el umbral de pobreza?

A. el nivel de ingresos por debajo de lo necesario para mantener una familia
B. los ingresos del 20 por ciento de las familias más pobres.
C. el porcentaje de personas que viven en la pobreza.
D. los ingresos necesarios para vivir en el centro de la ciudad o en una zona rural.

____ **8.** El índice de pobreza es

A. más alto para los blancos que para los afroamericanos.
B. más alto para los blancos que para los latinos.
C. más alto para los afroamericanos y los latinos que para los blancos.
D. igual para todos los grupos raciales.

____ **9.** ¿Cuál de las siguientes frases describe la distribución de los ingresos en Estados Unidos?

A. La mayoría de las personas ganan aproximadamente lo mismo.
B. El 20 por ciento más rico tiene el 20 por ciento de los ingresos nacionales.
C. El 20 por ciento más rico tiene una parte mucho mayor de los ingresos que el 20 por ciento más pobre.
D. El 20 por ciento más rico tiene ingresos ligeramente mayores que el 20 por ciento más pobre.

____ **10.** Una zona de iniciativa es

A. una región rica de la ciudad donde todos tienen buenos empleos.
B. una parte de la ciudad con muchas fábricas viejas y cerradas.
C. una oficina del gobierno donde la gente puede trabajar a cambio de ayuda temporal.
D. una zona de alto desempleo donde el gobierno anima a las empresas a establecerse, dándoles ventajas en materia de impuestos.

CAPÍTULO 14

Los impuestos y los gastos gubernamentales

SECCIÓN 1 ¿QUÉ SON LOS IMPUESTOS?

RESUMEN DEL TEXTO

La idea **PRINCIPAL**

El gobierno recauda dinero mediante distintos tipos de impuestos para financiar sus programas.

Los **impuestos** son sumas de dinero que el gobierno local, estatal o nacional les exige pagar a las personas. Los impuestos proporcionan a los gobiernos ingresos o **renta pública**, con los que ellos suministran los bienes y servicios que las personas esperan del gobierno.

La Constitución concede al Congreso el poder de gravar (imponer un impuesto) y también limita los tipos de impuestos que se pueden imponer. Los impuestos federales tienen que ser para "la defensa común y el bienestar general", tienen que ser iguales para todos los estados, y no pueden gravar las exportaciones. La Decimosexta Enmienda, ratificada en 1913, le dio al Congreso la facultad de imponer un impuesto sobre los ingresos.

Cuando el gobierno crea un impuesto, decide el tipo de **base impositiva**, o sea el tipo de ingresos, inmuebles, o bienes o servicios que están sujetos al impuesto. También decide cómo se estructurará el impuesto. Las tres estructuras de los impuestos son: la proporcional, la progresiva y la regresiva. Un **impuesto proporcional** es un impuesto en el cual el porcentaje de los ingresos que se paga en impuestos es el mismo para todos los niveles de ingresos. Un **impuesto progresivo** es uno en el cual el porcentaje aumenta en la medida en que se sube de nivel de ingresos. Un ejemplo podría ser el **impuesto sobre los ingresos individuales**, o sea el impuesto sobre los ingresos de una persona, según el cual las personas con niveles de ingresos más altos pagan un porcentaje más alto de impuestos. En un **impuesto regresivo**, el porcentaje aumenta para los niveles de ingresos más bajos. El **impuesto de ventas**, o sea el impuesto sobre el valor del bien o servicio que se está vendiendo, es regresivo porque las personas que tienen mayores ingresos pagan una proporción menor de sus ingresos en la compra de bienes y servicios.

PREGUNTA DE REPASO

¿Qué se entiende por base impositiva?

SECCIÓN 2

LOS IMPUESTOS FEDERALES

RESUMEN DEL TEXTO

El gobierno federal tiene varias fuentes de renta pública. La mayor es el impuesto sobre los ingresos individuales, el cual provee casi la mitad de la renta del gobierno federal. Se recauda principalmente por un método fiscal de **retención directa** a lo largo del año: los empleadores retienen una parte de los ingresos de cada empleado y esas sumas las envían al gobierno federal. Al fin del año, los empleadores les dan a los empleados un informe que muestra cuánto se les ha retenido. Los empleados rellenan entonces una **declaración de impuestos**, una planilla en la que las personas declaran al gobierno a cuánto ascendieron sus ingresos y calculan cuánto deben pagar de impuestos.

Los **ingresos gravables** son los ingresos brutos o totales que recibe la persona, menos las exenciones y deducciones. Los ingresos brutos incluyen los ingresos por salarios, sueldos, propinas y comisiones, así como los intereses devengados en cuentas de ahorro y los dividendos pagados por acciones. Las exenciones personales son cantidades fijas que se pueden restar de los ingresos brutos: una por sí mismo y una por cada una de las personas en la familia. Las **deducciones** incluyen los intereses sobre una hipoteca, donaciones a obras de caridad, y los impuestos locales y estatales.

Las sociedades anónimas también pagan un impuesto sobre sus ingresos. Los impuestos a las sociedades representan más o menos el 10 por ciento de la renta pública del gobierno federal. Al igual que los impuestos sobre los ingresos individuales, los impuestos a las sociedades son progresivos. La tasa del impuesto aumenta según aumentan las ganancias.

Según la Ley de Contribución al Seguro Federal o **FICA**, los empleadores también retienen este impuesto de los salarios de las personas. La mayor parte se destina al **Seguro Social**, establecido en 1935 como un fondo de jubilación para los trabajadores. Hoy en día, también suministra subsidios a los familiares sobrevivientes de un asalariado y a las personas con discapacidades. Los impuestos del FICA también financian el seguro **Medicare**, un seguro médico nacional para personas mayores de 65 años.

La idea PRINCIPAL

El gobierno federal recibe ingresos provenientes de las familias y las sociedades, y también cobra otras clases de impuestos, para ayudar a financiar los programas gubernamentales.

PREGUNTA DE REPASO

¿En qué se parece el impuesto a las sociedades al impuesto sobre los ingresos personales?

SECCIÓN 3 *GASTOS FEDERALES*

RESUMEN DEL TEXTO

La idea PRINCIPAL

El gobierno federal tiene un presupuesto enorme de casi 2,000,000,000,000 de dólares. Muchos de sus gastos son obligatorios por ley.

La renta pública, o sea los ingresos, del gobierno federal, asciende a casi 2 billones de dólares al año. Sin embargo, alrededor de las tres cuartas partes de los gastos del gobierno federal son "obligatorios". El **gasto obligatorio** es dinero que la ley exige que los legisladores desembolsen para financiar ciertos programas o para pagar los intereses incurridos por la deuda nacional.

La mayor parte del gasto obligatorio es para los **derechos de ayuda social**. Éstas son prestaciones que se les pagan a personas que reúnen ciertos requisitos, tales como edad o nivel de ingresos. Los desembolsos para los derechos de ayuda social aumentan según aumenta el número de beneficiados. Los derechos de ayuda social más grandes son el Seguro Social, el seguro Medicare y el seguro Medicaid, que es un seguro médico para las personas de bajos ingresos. Otros programas de gasto obligatorio incluyen los cupones de alimentos, el Seguro de Ingresos Suple-mentarios (SSI) y la nutrición infantil, generalmente para personas de bajos ingresos. El gobierno federal también paga prestaciones de jubilación y seguros a los empleados federales, así como pensiones a los veteranos.

El **gasto discrecional** es los gastos cuyo desembolso se deja a criterio de los planificadores gubernamentales. Equivale a alrededor de una cuarta parte de los gastos federales. El gasto discrecional incluye los gastos de defensa militar, educación, parques y monumentos nacionales, transporte, asistencia en casos de catástrofe, ayuda a otros países y muchas otras partidas.

El gobierno federal también suministra ayuda a los gobiernos estatales y locales, y comparte los costos de ciertos programas con dichos gobiernos. Los gastos de Medicaid, por ejemplo, son compartidos entre el gobierno federal y los gobiernos estatales.

PREGUNTA DE REPASO

¿Cuál es la diferencia entre el gasto obligatorio y el gasto discrecional?

SECCIÓN 4

LOS IMPUESTOS Y LOS GASTOS ESTATALES Y LOCALES

RESUMEN DEL TEXTO

Los gobiernos estatales tienen dos presupuestos. El **presupuesto de explotación** paga los gastos diarios. El **presupuesto de capital** paga los gastos de capital, o sea las inversiones de mayor importancia. Algunos ejemplos de gastos de capital son los puentes y edificios nuevos que se construyen. Las leyes estatales exigen que se mantenga un **presupuesto equilibrado**, o sea que los ingresos y los gastos sean equivalentes. Esta obligación se exige solamente para el presupuesto de explotación.

Aunque las políticas de los impuestos y los gastos difieren de estado a estado, la mayoría gasta las sumas más grandes en educación, orden público, carreteras y bienestar social. En los gastos de orden público se incluyen la policía estatal, los laboratorios policíacos y el sistema correccional. Los estados también construyen carreteras y caminos y se ocupan de su mantenimiento, a menudo con ayuda federal. Los estados obtienen su renta de diversas maneras. Todos los estados, menos cinco, tienen un impuesto sobre las ventas. Los estados también pueden tener impuestos sobre el consumo, impuestos estatales sobre los ingresos, impuestos sobre los **bienes inmuebles**, tales como terrenos y edificios; y sobre los **bienes muebles**, tales como joyas y mobiliario. La mayoría de los estados recauda impuestos sobre los ingresos de las sociedades y también cobran cuotas por otorgar ciertas licencias.

Los gobiernos locales, —los pueblos, las ciudades, los municipios, los condados y los distritos especiales— también recaudan impuestos. Estos impuestos mantienen las escuelas públicas, las fuerzas del orden público locales, los bomberos, las bibliotecas públicas, los aeropuertos, los hospitales públicos, parques, transporte público, y más. La fuente principal de renta pública de los gobiernos locales son los impuestos sobre los bienes raíces o sea sobre el valor de los inmuebles. Las personas que son propietarias de casas, apartamentos, edificios o terrenos pagan estos impuestos sobre los bienes raíces. Un funcionario llamado **tasador** determina el valor de cada inmueble. Los gobiernos locales también pueden imponer impuestos sobre las ventas, sobre el consumo y sobre los ingresos.

La idea PRINCIPAL

Los gobiernos estatales y locales obtienen ingresos de diversos impuestos así como del gobierno federal. Con ellos financian sus programas y servicios.

PREGUNTA DE REPASO

¿Cuál es la diferencia entre el presupuesto de explotación y el presupuesto de capital?

Nombre ______________________ Clase ______________ Fecha ________

CAPÍTULO 14 Prueba

IDENTIFICAR LAS IDEAS PRINCIPALES

Escribe la letra de la respuesta correcta en el espacio en blanco. (10 puntos cada una)

____ **1.** A los ingresos, inmuebles, bienes o servicios sobre los cuales las personas pagan impuestos se les llama

A. tipo impositivo.
B. base impositiva.
C. impuesto sobre las ventas.
D. renta pública.

____ **2.** ¿Cuál de estos impuestos es un impuesto progresivo?

A. Las personas que ganan $35,000 pagan el 10 por ciento de impuestos, mientras que las personas que ganan $100,000 pagan el 30 por ciento.
B. Las personas pagan el 10 por ciento sobre un inmueble ya sea que éste valga $50,000 o $500,000.
C. Todas las personas pagan un 15 por ciento de impuesto sobre sus ingresos.
D. Todos pagan un 5 por ciento de impuesto sobre las ventas.

____ **3.** ¿Qué suministra la mayor parte de la renta federal?

A. los impuestos sobre los ingresos de las sociedades
B. los aranceles
C. los impuestos del FICA
D. los impuestos sobre los ingresos individuales

____ **4.** ¿Cuáles son los ingresos gravables de una persona?

A. los ingresos brutos recibidos por salarios, sueldos, propinas y comisiones
B. todos los ingresos retenidos por un empleador y enviados al gobierno federal
C. los ingresos brutos de una persona después de descontar exenciones y deducciones
D. todas las exenciones y deducciones que tiene un persona

____ **5.** ¿Qué es la retención directa?

A. Es un estado de cuenta para los empleados que les indica cuánto deben en impuestos.
B. Es una forma de recaudar impuestos de los sueldos y salarios de los empleados.
C. Es el pago de una pensión a personas que se han jubilado de su empleo.
D. Es un tipo de seguro para los empleados que pierden sus empleos.

____ **6.** La mayor parte del gasto obligatorio del gobierno federal se destina

A. a la defensa militar.
B. al pago de los intereses sobre la deuda nacional.
C. a los sueldos y salarios de los empleados del gobierno federal.
D. a los derechos de ayuda social

____ **7.** Un ejemplo del gasto discrecional del gobierno federal es

A. el transporte.
B. el Seguro Social.
C. el seguro Medicare.
D. los cupones de alimentos.

____ **8.** De los siguientes, ¿cuál se pagaría con el presupuesto de capital de un estado?

A. los sueldos de los legisladores
B. la educación
C. los salarios de la policía estatal
D. un puente nuevo

____ **9.** Un rasgo común de los estados es

A. el requisito de un presupuesto equilibrado.
B. un impuesto sobre los ingresos.
C. un impuesto sobre las ventas.
D. un porcentaje igual de gastos de Medicaid.

____ **10.** La principal fuente de renta pública de los gobiernos locales es

A. los impuestos sobre las ventas.
B. las cuotas por otorgar licencias.
C. los impuestos sobre los bienes raíces.
D. los impuestos sobre los ingresos.

Política fiscal

CAPÍTULO 15

SECCIÓN 1 *INTERPRETACIÓN DE LA POLÍTICA FISCAL*

RESUMEN DEL TEXTO

La **política fiscal** es el uso que el gobierno hace de los impuestos y sus gastos con el fin de mantener la estabilidad de la economía. Las decisiones acerca de la política fiscal se utilizan para crear el **presupuesto federal**, un documento escrito que indica la cantidad de dinero que el gobierno espera recibir y desembolsar en el transcurso del año.

El proceso presupuestario comienza cuando cada dependencia federal calcula los gastos que tendrá en el año que viene. Las dependencias envían estos cálculos a la **Oficina de Administración y Presupuesto** del poder ejecutivo. En esta oficina estudian las propuestas y junto con el personal del Presidente combinan todos los presupuestos en un documento que el Presidente presenta al Congreso. Los miembros del Congreso estudian el presupuesto con la ayuda de la **Oficina Parlamentaria del Presupuesto**. Luego el Congreso propone su presupuesto enmendado y autoriza gastos específicos en la forma de **proyectos de ley de asignación de fondos**, que el Presidente puede firmar o vetar.

Las **políticas expansionistas** tienen por objeto incrementar la producción económica. Cuando el gobierno aumenta sus gastos, compra más bienes y servicios, lo cual lleva al crecimiento económico. Cuando el gobierno reduce los impuestos, la gente tiene más dinero para gastar, una situación que también conduce al crecimiento econó-mico. Las políticas que tienen por fin disminuir la producción son las **políticas de austeridad**. El gobierno puede disminuir sus gastos o aumentar los impuestos, lo cual conduce a un crecimiento económico más lento.

No es fácil poner en práctica una política fiscal. Los cambios en la economía tienen lugar lentamente. Mientras se aprueba el presupuesto y se pone en práctica la política fiscal, el ciclo de los negocios puede cambiar por su propia cuenta.

La idea PRINCIPAL

Las decisiones del gobierno federal en cuanto a los impuestos, el endeudamiento y los gastos, afectan en gran medida la economía del país.

PREGUNTA DE REPASO

¿Qué son las políticas expansionistas?

SECCIÓN 2

OPCIONES PARA LA POLÍTICA FISCAL

RESUMEN DEL TEXTO

La idea **PRINCIPAL**

Las diversas escuelas de teorías económicas ofrecen diferentes perspectivas acerca del papel que el gobierno ha de desempeñar en el fomento del crecimiento.

La **economía clásica** fue una escuela de pensamiento económico que sostuvo que los mercados se autoregulan y que vuelven al equilibrio sin la intervención del gobierno. La Gran Depresión desafió este modo de ver la economía. A pesar de que los precios bajaron, la demanda no aumentó debido a que una gran cantidad de personas carecía de trabajo y dinero. John Maynard Keynes presentó una nueva teoría que vino a llamarse **economía keynesiana**, la cual destacó el papel del gobierno en la economía. Keynes sostuvo que la Depresión persistió debido a que ni los consumidores ni las empresas tenían incentivos para incrementar los gastos. Las compañías no aumentarían la producción si los consumidores no tenían dinero para comprar sus productos. Los consumidores que estaban desempleados no tenían dinero para comprar nada. Keynes argumentó que el gobierno podía comprar más bienes y servicios, fomentando la producción, lo cual a su vez lograría que más personas volvieran a tener empleo.

La política fiscal es poderosa debido al **efecto multiplicador**, la idea de que cada cambio de un dólar en la política fiscal crea un cambio de más de un dólar en la economía nacional. Por ejemplo, si el gobierno compra $10 mil millones en bienes y servicios, el producto interno bruto (el PIB) aumenta en más de $10 mil millones debido a que las empresas desembolsan dineros en salarios, materia prima e inversiones. Los trabajadores, los proveedores y los accionistas tendrán más dinero para gastar.

La **economía de la oferta** sostiene que los impuestos tienen un efecto negativo en la producción económica. Los partidarios de la economía de la oferta argumentan que al estar bajos los impuestos, la gente dispone de más dinero en sus bolsillos, lo cual a su vez conduce a una mayor inversión y a más empleos. Durante la presidencia de Ronald Reagan en la década de 1980, el gobierno redujo los impuestos y puso en práctica la política de la oferta.

PREGUNTA DE REPASO

¿Qué es el efecto multiplicador?

SECCIÓN 3

LOS DÉFICITS PRESUPUESTARIOS Y LA DEUDA NACIONAL

RESUMEN DEL TEXTO

Cuando la renta pública del gobierno es igual a sus gastos, se cuenta con un **presupuesto equilibrado**. En realidad, el presupuesto federal rara vez se encuentra en equilibrio. Cuando la renta pública anual es mayor que los gastos, ocurre un **superávit presupuestario**. Cuando los gastos son mayores que la renta pública, ocurre un **déficit presupuestario**.

Cuando el gobierno tiene un déficit, debe encontrar el modo de pagar los gastos adicionales. Puede o bien emitir moneda o tomar dinero en préstamo. El cubrir déficits enormes con la emisión de moneda puede conducir a la **hiperinflación**, o sea, una inflación muy elevada. Cuando el gobierno toma dinero prestado, generalmente lo hace mediante la venta de bonos, como por ejemplo los Bonos de Ahorros del gobierno de Estados Unidos.

Cuando el gobierno toma dinero prestado, crea una **deuda nacional**, la cantidad total de dinero que el gobierno adeuda a los tenedores de bonos. La deuda nacional conlleva dos problemas. Primero, reduce los fondos disponibles que las empresas pueden tomar en préstamo e invertir, porque la gente compra bonos del gobierno en vez de invertir en las empresas. Segundo, el gobierno paga intereses a los tenedores de bonos, y el dinero que se gasta en el pago de intereses no se puede utilizar para otro fin.

En la década de 1980, los enormes déficits de la época llevaron al Congreso a aprobar leyes que disminuyeran el gasto federal. Después de que la Corte Suprema determinara que muchas de estas leyes no eran constitucionales, algunas personas sugirieron enmendar la Constitución de modo que se exigiera un presupuesto equilibrado. Los opositores sostuvieron que una enmienda impediría que el gobierno pudiera hacerle frente a cambios económicos rápidos.

Al final del siglo XX, se vieron superávits presupuestarios por primera vez en treinta años. Sin embargo, la guerra, la recesión y el bajo en impuestos rapidemente trajeron nuevos déficits.

La idea PRINCIPAL

Cuando los gastos federales son mayores que la renta pública, surgen los déficits presupuestarios y se crea la deuda nacional.

PREGUNTA DE REPASO

¿Cuál es la diferencia entre un superávit presupuestario y un déficit presupuestario?

Nombre ______________________ Clase ______________ Fecha ________

CAPÍTULO 15 Prueba

IDENTIFICAR LAS IDEAS PRINCIPALES

Escribe la letra de la respuesta correcta en el espacio en blanco. (10 puntos cada una)

____ **1.** ¿Cuál es el objetivo principal de la política fiscal del gobierno?

A. lograr un superávit presupuestario
B. lograr un déficit presupuestario
C. generar un presupuesto equilibrado
D. mantener la estabilidad de la economía

____ **2.** El proceso del presupuesto federal comienza con

A. los proyectos de ley de asignación de fondos.
B. los cálculos de los gastos que hacen las dependencias federales.
C. el Congreso.
D. la Oficina Parlamentaria del Presupuesto.

____ **3.** ¿Cuál de las siguientes alternativas puede ser parte de una política expansionista?

A. un aumento de impuestos
B. una reducción de impuestos
C. una reducción de los gastos del gobierno
D. los gastos obligatorios

____ **4.** La economía clásica sostuvo que

A. se debe permitir que los mercados se autoregulen.
B. en una recesión, el gobierno debe gastar dinero.
C. en una recesión, el gobierno debe reducir los impuestos.
D. en una recesión, el gobierno debe aumentar los impuestos.

____ **5.** John Maynard Keynes consideró que para poner fin a la Gran Depresión el gobierno debía

A. permitir que los mercados se autoregularan.
B. gastar y comprar más bienes y servicios.
C. reducir los impuestos.
D. aumentar los impuestos.

____ **6.** La idea principal del efecto multiplicador es que

A. el gobierno debe emitir moneda nueva para poner fin a la inflación.
B. cada dólar que el gobierno desembolsa, crea un cambio de más de un dólar en la producción económica.
C. los impuestos se multiplican cada año y crean un déficit mayor.
D. a medida que crece la economía, se crean más trabajos.

____ **7.** Un economista de la oferta estaría a favor de

A. reducir los impuestos.
B. aumentar los impuestos.
C. aumentar los gastos del gobierno.
D. regular los mercados.

____ **8.** Cuando los ingresos y los gastos del gobierno son equivalentes, existe

A. un superávit presupuestario.
B. un déficit presupuestario.
C. una hiperinflación.
D. un presupuesto equilibrado.

____ **9.** La deuda nacional es

A. todo el dinero que las personas deben en sus tarjetas de crédito.
B. el interés que el gobierno paga sobre los bonos.
C. la cantidad total de dinero que el gobierno adeuda.
D. lo mismo que un déficit presupuestario.

____ **10.** ¿Cuál era la situación presupuestaria del gobierno federal al final del siglo XX?

A. Ya no existía una deuda nacional.
B. El déficit presupuestario era mayor que nunca.
C. Existía un superávit presupuestario.
D. El presupuesto estaba equilibrado.

La Reserva Federal y la política monetaria

CAPÍTULO 16

SECCIÓN 1 EL SISTEMA DE LA RESERVA FEDERAL

RESUMEN DEL TEXTO

Después de una serie de crisis bancarias, en 1913, el Congreso aprobó la Ley de la Reserva Federal. El Sistema de la Reserva Federal consta de un grupo de doce bancos regionales independientes. Durante la Gran Depresión, los bancos regionales no siempre se pusieron de acuerdo en cuanto al tipo de medidas que se debían tomar. Respondiendo a esto, el Congreso reformó la Reserva Federal en 1935, confiriéndole poderes más centralizados para enfrentar crisis como la de la Gran Depresión.

Los bancos afiliados son los propietarios del Sistema de la Reserva Federal. Todos los bancos contituidos a nivel nacional tienen la obligación de afiliarse al Sistema de la Reserva Federal. También pueden afiliarse, si así lo desean, algunos bancos constituidos por los estados. La Reserva Federal es dirigida por una **junta de gobernadores**, que es designada por el Presidente de Estados Unidos. Para impedir que la junta sea influenciada por la política, a ningún Presidente se le autoriza designar a todos los gobernadores. El Presidente también nombra a la persona que preside la Junta. El presidente de la junta es el vocero principal que expresa la **política monetaria** nacional, o sea las medidas que toma el Sistema de la Reserva Federal para influir en el nivel del PIB real y en la tasa de inflación.

El Sistema de la Reserva Federal se subdivide en doce **distritos regionales**, cada uno con su Banco de la Reserva Federal regional. Vigilan las condiciones económicas y bancarias en el distrito y presentan informes al respecto. El **Comité Federal del Mercado Abierto** toma las decisiones clave sobre las tasas de interés y el crecimiento de la moneda circulante en Estados Unidos. Los integrantes de este comité son escogidos entre los miembros de la junta de gobernadores y los doce bancos distritales.

La idea PRINCIPAL

El Sistema de la Reserva Federal se fundó en 1913 con el fin de estabilizar la moneda circulante y dictar la política monetaria del país.

PREGUNTA DE REPASO

¿Por qué ajustó el Congreso la estructura de la Reserva Federal en 1935?

SECCIÓN 2

LAS FUNCIONES DE LA RESERVA FEDERAL

RESUMEN DEL TEXTO

La idea **PRINCIPAL**

El Sistema de la Reserva Federal es el banquero de la nación y el banquero de los bancos, y reglamenta tanto el sistema bancario como la moneda circulante del país.

La Reserva Federal le presta servicios bancarios al gobierno federal. Mantiene una cuenta corriente para el Departamento del Tesoro y procesa pagos tales como los cheques de seguro social y los reembolsos de la administración de rentas internas. Le ayuda al gobierno a financiar sus actividades. Cuando el Departamento del Tesoro subasta bonos del gobierno, los recursos que se captan de dichas ventas se depositan en el Banco de la Reserva Federal de Nueva York. El Sistema de la Reserva Federal también emite papel moneda y retira de circulación los billetes desgastados o deteriorados.

El Sistema de la Reserva Federal les presta servicios bancarios a los bancos. Un servicio es el de la **compensación o canje de cheques**, el proceso mediante el cual los bancos registran la cuenta que paga el dinero y la cuenta que recibe el dinero cada vez que alguien gira un cheque. El Sistema de la Reserva Federal envía examinadores bancarios que revisan los préstamos que otorgan los bancos y las demás actividades de los bancos afiliados. El Sistema de la Reserva Federal también protege a los consumidores en cuanto al cumplimiento de las leyes de la veracidad en las operaciones de crédito.

El Sistema de la Reserva Federal obra como prestamista de última instancia, haciéndoles préstamos de emergencia a los bancos comerciales para que éstos puedan mantener las reservas de ley. La tasa de interés que el Sistema de la Reserva Federal cobra por estos préstamos se conoce como la **tasa de descuento**.

El Sistema de la Reserva Federal es conocido principalmente por su función en la regulación de la moneda circulante del país. La ley de oferta y demanda afecta el dinero en la misma forma en que afecta el resto de la economía. Cuando hay demasiado dinero en la economía, esto lleva a la inflación. Idealmente, el Sistema de la Reserva Federal procura aumentar la moneda circulante a la misma tasa de crecimiento que se registra en la demanda de dinero.

PREGUNTA DE REPASO

¿Qué es la tasa de descuento?

SECCIÓN 3

RECURSOS DE LA POLÍTICA MONETARIA

RESUMEN DEL TEXTO

El dinero ingresa a la economía mediante un proceso llamado **creación de dinero**. Los bancos crean dinero al dar préstamos. Cuando un banco concede un préstamo de $1,000 y deposita dicha suma en la cuenta corriente del prestatario, aumenta la moneda circulante en $1,000. El banco puede prestar todo el dinero que tiene, menos la **reserva obligatoria**, que es la proporción que, por orden del Sistema de la Reserva Federal, tienen que mantener los bancos de la cantidad total de dinero depositado. Si la reserva obligatoria es del 10 por ciento, el banco puede prestar $900 de cada $1,000 que tiene en depósito.

El Sistema de la Reserva Federal cuenta con tres recursos para hacer los ajustes de la cantidad de dinero en la economía. El más sencillo consiste en modificar el requisito de la reserva obligatoria. La reducción de la reserva significa que los bancos pueden prestar más dinero, lo cual aumenta la moneda circulante. Un aumento en la reserva produce el efecto contrario.

Un segundo recurso es el de ajustar la tasa de descuento. La reducción en la tasa de descuento les permite a los bancos obtener préstamos del Sistema de la Reserva Federal a una tasa de interés baja. Los bancos entonces cuentan con más dinero disponible para dar en préstamo, lo cual aumenta la moneda circulante. Un aumento en la tasa de descuento disminuye la cantidad de dinero que los bancos pueden prestar.

El tercer y más importante recurso de política monetaria que la Reserva Federal tiene es el de las **operaciones de mercado abierto**, la compra y venta de títulos valores del gobierno, tales como los bonos. Cuando la Reserva Federal desea aumentar la moneda circulante, compra títulos valores del gobierno. El vendedor de los bonos deposita en el banco el dinero producto de la venta, con lo cual se inicia el proceso de creación de dinero. Para reducir la moneda circulante, la Reserva Federal vende títulos valores del gobierno. El dinero con que se paga el bono sale de circulación, lo cual reduce la moneda circulante.

La idea PRINCIPAL

Al prestar dinero, los bancos aumentan la moneda circulante. El Sistema de la Reserva Federal utiliza varios recursos para hacer que aumente o disminuya la moneda circulante.

PREGUNTA DE REPASO

¿Por qué al reducir la reserva obligatoria se aumenta la moneda circulante?

SECCIÓN 4

La política monetaria y la estabilización macroeconómica

RESUMEN DEL TEXTO

La idea **PRINCIPAL**

El Sistema de la Reserva Federal puede utilizar la política monetaria para controlar los ciclos de negocios, pero tiene que decidir si es prudente intervenir en la economía y cuándo.

El **monetarismo** es el concepto de que la moneda circulante es el factor más importante en el desempeño de la macroeconomía. La política monetaria modifica la oferta de dinero, lo que a su vez afecta las tasas de interés. Cuando la oferta de dinero es baja, el precio del dinero—la tasa de interés—es alto. Cuando la oferta de dinero es alta, las tasas de interés son bajas.

El Sistema de la Reserva Federal puede utilizar la política monetaria para ampliar o contraer la economía. Una **política de dinero liberal** es una política monetaria que aumenta la moneda circulante. Una moneda circulante más grande significa tasas de interés más bajas, lo que a su vez significa más dinero para inversiones y un impulso para la economía. En el caso contrario, una **política de dinero restringida** es una política monetaria que reduce la moneda circulante mediante el aumento de las tasas de interés, con lo cual se reduce el PIB.

Un aspecto fundamental para que la política monetaria cumpla lo que se desea es que se ponga en práctica en el momento preciso. Si se escoge bien el momento, las fluctuaciones en el ciclo de negocios resultan menos pronunciadas. Mal escogido el momento, se puede empeorar el ciclo de negocios. Por ejemplo, una política de ampliación puede producir su efecto precisamente en el momento en que la economía de por sí ya está ampliándose, lo cual puede llevar a una ampliación excesiva y a la inflación.

Un **retraso interno** es una demora en la implantación de la política monetaria. Puede suceder dado a que toma tiempo reconocer un problema imperante. Un **retraso externo** es el lapso de tiempo que transcurre antes de que una política produzca el efecto deseado. Debido a los retrasos y a la dificultad de predecir hacia dónde se dirige la economía, es difícil utilizar la política monetaria en forma eficaz. Algunas recesiones son de corta duración y con el tiempo se corrigen por sí solas. Quienes formulan las políticas monetarias querrán intervenir más probablemente en el caso de una recesión que sea más prolongada y severa.

PREGUNTA DE REPASO

¿Cuál es la diferencia en la oferta de dinero bajo una política de dinero liberal en comparación con una política de dinero restringida?

Nombre ______________________ Clase ______________ Fecha ________

CAPÍTULO 16 Prueba

IDENTIFICAR LAS IDEAS PRINCIPALES

Escribe la letra de la respuesta correcta en el espacio en blanco. (10 puntos cada una)

____ **1.** ¿Qué es la política monetaria?

A. la cantidad de dinero que gasta el gobierno federal
B. la cantidad de dinero que los bancos de la Reserva Federal imprimen y distribuyen
C. las medidas que toma el Sistema de la Reserva Federal para influir en la tasa de inflación y en el nivel del PIB real
D. la decisión de constituir bancos federales o bancos estatales

____ **2.** ¿Cuántos son los Distritos de la Reserva Federal existen?

A. uno
B. uno por cada estado
C. tres
D. doce

____ **3.** ¿Quién es el propietario del Sistema de la Reserva Federal?

A. el gobierno federal
B. los bancos afiliados
C. todos los bancos en el país
D. todos los bancos comerciales en el país

____ **4.** ¿Cuál es uno de los servicios que el Sistema de la Reserva Federal le presta al Departamento del Tesoro?

A. Procesa pagos, tales como los cheques del seguro social.
B. Subasta títulos valores del gobierno.
C. Recauda impuestos federales.
D. Selecciona al Secretario del Tesoro.

____ **5.** La tasa de descuento es

A. la tasa que la Reserva Federal cobra por préstamos otorgados a los bancos comerciales.
B. la cantidad que un banco tiene que retener para sus reservas.
C. una tasa especial que los bancos afiliados a la Reserva Federal obtienen por sus operaciones financieras.
D. la tasa que los clientes de los bancos de ahorro reciben por tomar dinero en préstamo.

____ **6.** ¿Cómo crean dinero los bancos?

A. al obtener permiso de la Reserva Federal para imprimir dinero
B. al pagarles intereses a sus clientes
C. al vender bienes del banco
D. al prestar dinero que los prestatarios depositan en sus cuentas corrientes

____ **7.** ¿Qué es la reserva obligatoria?

A. la cantidad de dinero que la Reserva Federal no les permite a los bancos dar en préstamo
B. la proporción del dinero depositado que la Reserva Federal les exige a los bancos retener
C. la tasa de interés que los bancos se cobran entre sí
D. el dinero que mantiene el gobierno federal

____ **8.** ¿Cuál es el recurso más importante que posee la Reserva Federal para la política monetaria?

A. las operaciones de mercado abierto
B. variar la tasa de descuento
C. variar los requisitos de reserva
D. tomar dinero en préstamo

____ **9.** ¿Cuál es el concepto principal del monetarismo?

A. Todo el dinero debe ser emitido por el gobierno federal.
B. La moneda circulante es el factor más importante en el desempeño de la economía.
C. Las tasas de interés son el factor más importante en el desempeño de la economía.
D. El dinero debe ser acuñado en oro o en plata.

____ **10.** ¿Cuál de las siguientes medidas tomaría el Sistema de la Reserva Federal para combatir la inflación?

A. aumentar los gastos del gobierno
B. aumentar los impuestos
C. aumentar la moneda circulante
D. reducir la moneda circulante

CAPÍTULO 17

El comercio internacional

SECCIÓN 1 *POR QUÉ LAS NACIONES COMERCIAN*

RESUMEN

Los recursos naturales, el capital humano y el capital físico se encuentran distribuidos de manera desigual entre los países. Como los recursos de los países son tan diferentes, también son diferentes sus capacidades para producir diversos bienes y servicios. Por eso cada país se especializa en ciertos productos que puede elaborar con más eficiencia. Por ejemplo, es más eficiente cultivar café en los climas cálidos de América Central que en otras partes del mundo. Como los países no pueden producir eficientemente todo lo que necesitan y desean sus ciudadanos, acaban por comerciar entre sí.

La idea PRINCIPAL

Al especializarse en la producción de ciertos bienes y servicios, las naciones aprovechan sus recursos al máximo.

Por **ventaja comparativa** se entiende la capacidad que tiene una persona o país para producir un bien con un costo de oportunidad más bajo que otra persona o país. La **ley de la ventaja comparativa** dice que a los países les va mejor cuando producen aquellos bienes y servicios que implican una ventaja comparativa para ellos. El dinero que un país gana vendiendo esos bienes y servicios se puede utilizar para luego comprar los bienes y servicios que no produce tan eficientemente.

Una **exportación** es un bien que se envía a otro país para la venta. Una **importación** es un bien o servicio traído de otro país para la venta. Estados Unidos es el principal exportador del mundo, seguido de Alemania y Japón. Estados Unidos también es el principal importador del mundo.

A medida que los países se especializan en ciertos productos para los cuales tienen ventaja comparativa, pueden ocurrir cambios en los patrones de empleo. Por ejemplo en la década de 1970, Japón obtuvo una ventaja comparativa en la producción de automóviles. La industria automotriz de Estados Unidos perdió ventas, y muchos trabajadores estadounidenses perdieron su empleo.

PREGUNTA DE REPASO

¿Por qué comercian los países?

SECCIÓN 2

Restricciones y acuerdos comerciales

RESUMEN DEL TEXTO

La mayor parte de los países impone **barreras comerciales**, una manera de impedir que un producto o servicio extranjero entre libremente al país. Un tipo de barrera comercial es la **cuota de importación**, una ley que limita la cantidad de un bien que se puede importar. Una **restricción voluntaria a las exportaciones** es un límite que el país se impone en cuanto a la cantidad de exportaciones que manda a otro país. Un **arancel** es un impuesto con que se gravan los bienes importados.

Las barreras comerciales tienen efectos tanto positivos como negativos. Por ejemplo, debido a los aranceles en Estados Unidos, el precio de los autos importados será más alto. Esto ayuda a los fabricantes estadounidenses de autos a competir. Pero los consumidores tendrán que pagar más por un auto importado. Los fabricantes estadounidenses podrían perder el incentivo para trabajar más eficientemente y fabricar autos menos costosos. Las **guerras de comercio** son otro posible efecto negativo de las restricciones al comercio libre. Cuando un país limita las importaciones, un país que comercia con él puede tratar de imponer limitaciones semejantes. Las guerras de comercio pueden reducir la cantidad general de comercio.

El **proteccionismo** es el uso de restricciones comerciales para proteger las industrias de un país. El argumento más básico en favor del proteccionismo es que protege a los trabajadores en industrias que se podrían ver perjudicadas por la especialización y el comercio.

> La idea PRINCIPAL
>
> **El intercambio entre los países se puede restringir con barreras comerciales.**

Últimamente, la tendencia ha sido de reducir las barreras comerciales y aumentar el comercio mediante acuerdos comerciales internacionales. La **Organización Mundial del Comercio (OMC)** pretende negociar acuerdos y resolver conflictos comerciales. Estados Unidos ha celebrado un tratado llamado el **TLC**, Tratado de Libre Comercio de Norteamérica, que reduce las barreras comerciales entre Estados Unidos, México y Canadá.

PREGUNTA DE REPASO

Identifica los efectos positivos y negativos de las barreras comerciales.

SECCIÓN 3

CÓMO SE MIDE EL COMERCIO

RESUMEN DEL TEXTO

La idea PRINCIPAL

El comercio internacional requiere tipos de cambio, que comparan los valores de las diferentes monedas en el mundo.

Antes de gastar dinero cuando viajamos al extranjero, tenemos que cambiar nuestros dólares estadounidenses por la moneda de ese país. El valor de esa moneda en relación con la moneda de nuestro propio país es el **tipo de cambio**. Los tipos de cambio suben y bajan a diario. Un aumento en el valor de una moneda se llama **valorización**. Cuando la moneda de un país se valoriza, sus productos resultan más caros para otras naciones. El resultado es que sus exportaciones disminuyen. Pero al mismo tiempo sus importaciones resultan menos costosas y generalmente aumentan en cantidad. Con la devaluación sucede lo contrario. La **devaluación** es la disminución del valor de la moneda de un país.

El **mercado de divisas**, que está formado por unos 2,000 bancos y otras instituciones financieras, les ayuda a las empresas y naciones a intercambiar monedas, con lo que se posibilita el comercio internacional. Los países del mundo colaboran para comparar y mantenerse al tanto de los tipos de cambio. Un **sistema de tipo de cambio fijo** mantiene el valor de las monedas constante entre sí. Desde 1973, Estados Unidos y muchos gobiernos han adoptado un **sistema de tipo de cambio flexible** en el cual la oferta y la demanda pueden determinar los tipos de cambio. Ciertos países europeos miembros de la Unión Europea, usan una misma moneda, llamada el **Euro**, y un mismo banco central.

La relación entre importaciones y exportaciones se llama el **balance comercial**. Cuando una nación exporta más de lo que importa, ocurre un **superávit comercial**. Cuando importa más de lo que exporta, ocurre un **déficit comercial**. Estados Unidos tuvo un déficit comercial enorme en las décadas de 1990 y 2000.

PREGUNTA DE REPASO

¿Qué sistema usan Estados Unidos y muchos otros países para comparar los tipos de cambio entre sus monedas?

Nombre ______________________ Clase ______________ Fecha ________

CAPÍTULO 17 *Prueba*

IDENTIFICAR LAS IDEAS PRINCIPALES

Escribe la letra de la respuesta correcta en el espacio en blanco. (10 puntos cada una)

____ **1.** Las naciones se especializan cuando

A. tienen pocos recursos naturales.
B. producen ciertos bienes y servicios más eficientemente que otros.
C. importan más de lo que exportan.
D. exportan más de lo que importan.

____ **2.** Ventaja comparativa es la capacidad de un país para

A. tener más capital físico que otro.
B. producir todo lo que sus ciudadanos necesitan y desean.
C. producir un bien a un costo de oportunidad más bajo que otro país.
D. tomar más dinero prestado de otros países.

____ **3.** ¿Cuál de los siguientes ilustra la ley de ventaja comparativa?

A. Un país hace los bienes que necesita más eficientemente y comercia con otros países.
B. Un país hace todos los bienes que necesita.
C. Un país compra todos sus bienes a otras naciones.
D. Un país exporta toda su materia prima e importa todos sus productos manufacturados.

____ **4.** ¿Cuál es el objeto de las cuotas de importación?

A. aumentar la cantidad de ciertos bienes importados
B. limitar la cantidad de ciertos bienes importados
C. rebajar las barreras comerciales
D. crear un límite a las importaciones, impuesto por el mismo país.

____ **5.** Un arancel es un impuesto con que se gravan

A. las materias primas.
B. los bienes exportados.
C. los bienes importados.
D. cualquier forma de comercio internacional.

____ **6.** El argumento más básico a favor del proteccionismo es que

A. protege a los trabajadores.
B. protege a los consumidores.
C. defiende al país contra las guerras de comercio.
D. le ayuda al país a valorizar su moneda.

____ **7.** ¿Cuál de los siguientes es un ejemplo de una guerra de comercio?

A. Dos países reducen todas las restricciones comerciales contra el otro.
B. Dos países compiten para ver cuál puede producir más cantidad de cierto bien.
C. Los consumidores en dos países se niegan a comprar los bienes del otro país.
D. Dos países imponen aranceles sobre los productos del uno y del otro.

____ **8.** Las tendencias recientes en cuanto a la restricción del comercio han sido de

A. rebajar solamente las barreras comerciales relacionadas con tecnología.
B. defender la industria automotriz de un país.
C. elevar las barreras comerciales.
D. reducir las barreras comerciales.

____ **9.** Cuando la moneda de una nación se valoriza, ¿cuál es el resultado más probable?

A. Sus exportaciones e importaciones aumentarán.
B. Sus exportaciones e importaciones disminuirán.
C. Sus exportaciones aumentarán y sus importaciones disminuirán.
D. Sus exportaciones disminuirán y sus importaciones aumentarán.

____ **10.** Un país que importa más de lo que exporta tiene

A. un déficit comercial.
B. un superávit comercial.
C. un balance comercial.
D. una cuota de exportación.

CAPÍTULO 18

El desarrollo económico y la transición

SECCIÓN 1 LOS NIVELES DE DESARROLLO

RESUMEN DEL TEXTO

La idea PRINCIPAL

Las naciones del mundo se encuentran en diversos niveles de desarrollo económico.

El **desarrollo** es el proceso mediante el cual un país mejora el bienestar económico, político y social de su gente. Los **países desarrollados**, como Estados Unidos, gozan de un nivel promedio alto de bienestar material. La mayoría de las naciones son **países en vías de desarrollo**, con niveles bajos de bienestar material.

La forma principal de medir el nivel de desarrollo es **el producto interno bruto per cápita (PIB per cápita)**, o sea el producto interno bruto (PIB) de una nación dividido entre su población total. Por ejemplo, el PIB de Australia y de la India son muy semejantes. Sin embargo, la India tiene alrededor de 50 veces la población de Australia, por lo que su PIB per cápita es mucho más bajo. Otra forma de medir el desarrollo es la cantidad de energía, como por ejemplo, el petróleo y el gas, que se utiliza por persona. La mayoría de los países desarrollados tienen niveles elevados de **industrialización**, una organización generalizada de la economía para propósitos de manufactura. Los países con un alto nivel de industrialización utilizan grandes cantidades de petróleo y electricidad. En contraste, la mayoría de los países en vías de desarrollo utilizan cantidades menores de energía por persona, debido a que un gran número de sus habitantes se dedican a la **agricultura de subsistencia**. Cultivan apenas los alimentos necesarios para alimentar a sus familias.

Otras formas de medir el desarrollo incluyen la tasa de alfabetismo, la expectativa de vida y la mortalidad infantil. La **tasa de alfabetismo**, la proporción de personas mayores de 15 años que saben leer y escribir, suele ser mayor en los países desarrollados. La **expectativa de vida**, el promedio del número de años de vida proyectado por persona, es más alta en los países desarrollados. La **tasa de mortalidad infantil**, el número de muertes que ocurre en el primer año de vida por cada 1,000 nacimientos, es más bajo en los países desarrollados.

PREGUNTA DE REPASO

¿Qué se mide con el PIB per cápita?

SECCIÓN 2

PROBLEMAS DEL DESARROLLO

RESUMEN DEL TEXTO

El crecimiento rápido de la población es un problema grave en muchos países en vías de desarrollo. La **tasa de crecimiento de la población**, es el aumento en la población de un país durante un año, que incluye los nacimientos, los fallecimientos y las migraciones. Esta tasa es en promedio del 1.7 por ciento en los países en vías de desarrollo. En los países desarrollados, la tasa se sitúa alrededor del 0.5 por ciento. Muchos países en vías de desarrollo están experimentando un aumento en la expectativa de vida y, actualmente, las tasas de nacimientos son mucho más altas que las de fallecimientos. Esto da por resultado un aumento rápido en el crecimiento de la población. Cuando se tienen más habitantes, hay que tener más oportunidades de trabajo, más centros de salud y de educación, más producción industrial y agrícola, y mayores niveles de exportaciones e importaciones.

Otro factor que afecta el desarrollo es que los recursos naturales del mundo están distribuidos de manera desigual. Apenas un 10 por ciento de la tierra en el mundo es **cultivable**, es decir, apropiada para sembrar cultivos.

Con frecuencia, los países en vías de desarrollo carecen del capital físico y humano necesario para aprovechar sus recursos. Sin el capital físico, o sea los recursos producidos por el hombre para crear bienes y servicios, la industria no puede crecer y la producción agrícola permanece en un nivel bajo. El capital humano, es decir, las destrezas y los conocimientos de los trabajadores, es factor fundamental para el desarrollo económico. El acceso a la educación es limitado y las tasas de alfabetismo son bajas, sobre todo entre las niñas, quienes con frecuencia tienen menores oportunidades que los niños. Cuando un país no posee suficiente capital humano, carece también de los trabajadores calificados que se necesitan para manejar industrias. A los inversionistas del extranjero no les parece interesante invertir en los negocios en dicho país.

Los países en vías de desarrollo también enfrentan problemas políticos y de salud. Muchas personas en los países en vías de desarrollo sufren de **desnutrición**, una nutrición inadecuada. Los factores políticos han limitado el desarrollo en muchos de los países más pobres. Entre estos factores políticos se incluyen el depender de poderes colonialistas, experimentos con la planificación centralizada y gobiernos corruptos o inestables.

La idea **PRINCIPAL**

Entre los problemas de los países en vías de desarrollo se incluyen: el crecimiento rápido de la población, la escasez de recursos naturales, y la falta de capital físico y humano.

PREGUNTA DE REPASO

¿Por qué es una alta tasa de crecimiento de la población un problema para los países en vías de desarrollo?

SECCIÓN 3

CÓMO FINANCIAR EL DESARROLLO

RESUMEN DEL TEXTO

Un país puede utilizar dos métodos para financiar su desarrollo económico. El **financiamiento interno** proviene de los ahorros de sus ciudadanos. Sin embargo, en los países en vías de desarrollo, a los ciudadanos les queda poco dinero para ahorrar. Por esta razón, la mayoría de los países en vías de desarrollo recurren a la **inversión externa**, o sea inversiones que provienen de países extranjeros, para financiar el desarrollo. La **inversión externa directa** ocurre cuando un extranjero establece una empresa en el país. Gran parte de la inversión externa proviene de compañías multinacionales, grandes empresas que producen y venden sus productos alrededor del mundo. Cuando las personas compran acciones y bonos en las bolsas de valores de otro país se dice que han hecho **inversiones en carteras exteriores**. Con frecuencia estas inversiones se hacen mediante la compra de acciones en fondos mutuos.

La idea PRINCIPAL

Los países en vías de desarrollo pueden obtener capital para el desarrollo a través de inversiones, préstamos y asistencia del exterior.

Los gobiernos extranjeros a veces dan dinero a los países en vías de desarrollo para financiar adelantos; a veces también dan dinero para ayudar cuando hay una catástrofe. Podrían existir razones militares, políticas o económicas para dar esta ayuda externa. Por ejemplo, durante la Segunda Guerra Mundial, Estados Unidos les dio a sus aliados casi 50 mil millones de dólares en suministros.

Tambien hay instituciones internacionales que fomentan el desarrollo. El **Banco Mundial**, el mayor proveedor de asistencia para el desarrollo, ofrece préstamos, asesoría y otros recursos a los países en vías de desarrollo. El **Programa de Naciones Unidas para el Desarrollo (PNUD)**, se dedica a eliminar la pobreza por medio del desarrollo. El **Fondo Monetario Internacional (FMI)**, que inicialmente se estableció para estabilizar las tasas de cambio de divisas internacionales, ha ampliado su función y también se dedica a fomentar el desarrollo. El FMI presta asesoría y asistencia técnica a los países en vías de desarrollo. También puede dar su asistencia a países en vías de desarrollo que se encuentran en dificultades para el pago de deudas a las naciones que les han prestado dinero. Esto lo hace mediante acuerdos de **reestructuración de la deuda**, ampliando el plazo para el pago de la misma o perdonando parte de la deuda.

PREGUNTA DE REPASO

¿Cuáles son tres instituciones internacionales que fomentan el desarrollo?

SECCIÓN 4

LA TRANSICIÓN HACIA LA LIBRE EMPRESA

RESUMEN DEL TEXTO

Muchos países en vías de desarrollo están intentando llevar a cabo la difícil transición de una economía de planificación centralizada a los mercados libres. Un paso en esta transición es la **privatización**, la venta o transferencia de empresas de propiedad del estado a personas particulares. Otro paso es el de modificar el sistema jurídico con el fin de garantizar y proteger los derechos de propiedad privada. Las empresas ineficientes podrían fracasar en un sistema de libre competencia, lo cual podría conducir a aumentos en el desempleo y a descontento social. Los trabajadores que nunca han tenido incentivos para trabajar fuertemente se ven obligados a aprender una nueva **ética de trabajo**, un sistema de valores que le da importancia fundamental al trabajo.

Rusia es un ejemplo de un país que descartó totalmente su economía de planificación centralizada y la reemplazó con una que se basa en el mercado libre. Hasta finales de la década de 1980, Rusia formó parte de la Unión Soviética comunista. Pero tanto el comunismo como la Unión Soviética misma, se desplomaron en 1991. Los rusos experimentaron dificultades al desplazarse con rapidez hacia una economía basada en los mercados. Sin control de precios, los precios de muchos de los bienes se triplicaron. Al país le llegaron miles de millones de dólares provenientes del FMI y de otras instituciones, pero debido a los malos manejos y a la corrupción, los recursos no se utilizaron en forma eficiente.

China es un país comunista que está tratando de modificar su economía de planificación centralizada con la adopción de ciertas prácticas de mercado libre. El gobierno tiene contratos con los agricultores para que produzcan una cierta cantidad de cultivos; si producen más de lo contratado, pueden vender esos excedentes y obtener ganancias. Con el incentivo de ganar más, los agricultores han aumentado la producción. China también estableció **zonas económicas especiales**, regiones específicas en las que se fomenta la inversión extranjera. Desde que comenzaron estas reformas, el tamaño de la economía de China se ha cuadruplicado.

La idea PRINCIPAL

El gobierno y el pueblo de un país enfrentan grandes desafíos cuando pasan de una economía centralizada a una economía de mercado.

PREGUNTA DE REPASO

¿Qué quiere decir privatización?

Nombre ______________________________ Clase ________________ Fecha ______

CAPÍTULO 18 **Prueba**

IDENTIFICAR LAS IDEAS PRINCIPALES

Escribe la letra de la respuesta correcta en el espacio en blanco. (10 puntos cada una)

____ **1.** La forma principal de medir el nivel de desarrollo de un país es su

A. población.
B. industrialización.
C. producto interno bruto.
D. producto interno bruto per cápita.

____ **2.** La tasa de alfabetismo es

A. la rapidez con que puede leer la gente.
B. la proporción de personas en un país que sabe leer y escribir.
C. el número idiomas que saben hablar las personas en un país.
D. el porcentaje de personas que han terminado la escuela secundaria.

____ **3.** Un factor que generalmente es más elevado en los países en vías de desarrollo que en los países desarrollados es

A. el PIB per cápita.
B. el nivel de bienestar material.
C. la expectativa de vida.
D. la mortalidad infantil.

____ **4.** Muchos países en vías de desarrollo están experimentando un rápido crecimiento de la población debido a que

A. la expectativa de vida está aumentando y las tasas de natalidad sobrepasan en mucho la tasa de mortalidad.
B. los gobiernos dan su apoyo a las familias grandes para que haya más trabajadores y consumidores.
C. la oferta de alimentos está aumentando.
D. la inversión del extranjero está aumentando.

____ **5.** Cuando un país no cuenta con suficiente capital humano

A. disminuye la desnutrición.
B. se desalienta la inversión extranjera.
C. aumentan las tasas de alfabetismo.
D. crece su población.

____ **6.** Son pocos los países en vías de desarrollo que pueden financiar su desarrollo mediante el financiamiento interno debido a que

A. no hay bancos.
B. las personas prefieren venderles las empresas a otras naciones.
C. los ciudadanos tienen poco dinero para ahorrar.
D. el Banco Mundial no permite la financiación interna.

____ **7.** Gran parte de la inversión extranjera directa en los países en vías de desarrollo proviene de

A. los fondos mutuos.
B. otros países en vías de desarrollo.
C. las compañías multinacionales.
D. los bancos locales.

____ **8.** El mayor proveedor de asistencia a los países en vías de desarrollo es

A. el Banco Mundial.
B. el Programa de Naciones Unidas para el Desarrollo.
C. el Fondo Monetario Internacional.
D. la Bolsa Internacional de Valores.

____ **9.** ¿Cuál de las siguientes NO es un paso importante en el paso de una economía de planificación centralizada hacia una economía de mercado?

A. la modificación del sistema jurídico
B. el establecimiento de controles de precios
C. la privatización
D. el cambio en la ética de trabajo

____ **10.** Los pasos que ha tomado China para modificar su economía de planificación centralizada incluyen

A. un énfasis en la agricultura de subsistencia.
B. el relajamiento de los controles políticos.
C. el establecimiento de zonas económicas especiales para fomentar la inversión externa.
D. un aumento en el presupuesto militar.

GLOSARIO

A

aggregate demand [demanda agregada] cantidad de bienes y servicios en la economía que se comprarán a todos los niveles de precios (pág. 50)

aggregate supply [oferta agregada] cantidad total de bienes y servicios disponibles en la economía a todos los niveles de precios (pág. 50)

antitrust laws [leyes antimonopolio] leyes y políticas del gobierno federal diseñadas para impedir que las empresas controlen los precios y la oferta de los bienes (pág. 31)

appreciation [valorización] aumento en el valor de una moneda (pág. 74)

appropriations bill [proyecto de ley de asignación de fondos] proyecto de ley que asigna dinero para un gasto específico (pág. 63)

arable [cultivable] apropiada para sembrar cultivos (pág. 77)

assets [activos] dinero u otros valores que pertenecen a un individuo o una empresa (pág. 34)

B

balanced budget [presupuesto equilibrado] presupuesto en donde los ingresos y los gastos son equivalentes (págs. 61, 65)

balance of trade [balance comercial] relación entre las importaciones y las exportaciones de un país (pág. 74)

bank [banco] institución que se dedica a recibir, guardar y prestar dinero (pág. 43)

barriers to entry [barreras al ingreso] cualquier factor que dificulta la entrada de empresas nuevas en el mercado (pág. 28)

bear market [tendencia a la baja] caída constante y prolongada en la bolsa de valores (pág. 48)

Board of Governors [Junta de gobernadores] junta de siete personas que dirige al Sistema de la Reserva Federal (pág. 67)

bond [bono] certificado que emite una sociedad anónima, en el que se compromete a pagar al comprador el dinero que toma en préstamo, más el interés (pág. 35)

budget deficit [déficit presupuestario] cuando el gobierno gasta más de lo que recibe en renta pública (pág. 65)

budget surplus [superávit presupuestario] cuando el gobierno recibe más renta pública de lo que gasta (pág. 65)

bull market [tendencia al alza] crecimiento constante y prolongado en la bolsa de valores (pág. 48)

business cycle [ciclo de negocios] período de crecimiento macroeconómico seguido por un período de lentitud o decaimiento (págs. 14, 51)

business franchise [franquicia comercial] negocio semindependiente que le paga cuotas a una casa matriz a cambio de obtener el derecho exclusivo de vender cierto producto o servicio en un territorio específico (pág. 36)

business organization [organización de negocios] establecimiento que se crea para una gestión comercial (pág. 33)

C

capital [capital] recurso hecho por personas que se usa para producir otros bienes y servicios (pág. 2)

capital budget [presupuesto de capital] presupuesto para los gastos de capital, o sea inversiones de mayor importancia (pág. 61)

capital deepening [profundización del capital] proceso de aumentar el monto de capital por trabajador (pág. 52)

capital gain [ganancia de capital] diferencia entre un precio de venta más alto y el precio de compra más bajo, lo cual resulta en una ganacia para el vendedor (pág. 48)

capital loss [pérdida de capital] diferencia entre un precio de compra más alto y el precio de venta más bajo, lo cual resulta en una pérdida para el vendedor (pág. 48)

capital markets [mercados de capital] mercados en los cuales se presta el dinero por un período de tiempo de más de un año (pág. 47)

cash transfers [transferencias de dinero] pagos directos de dinero a personas pobres quienes reúnen los requisitos necesarios (pág. 12)

central bank [banco central] banco que le hace préstamos a otros bancos en momentos de necesidad (pág. 43)

centrally planned economy [economía de planificación central] sistema económico en el cual la mayoría de las decisiones económicas las toma el gobierno (pág. 6)

check clearing [compensación o canje de cheques] proceso mediante el cual los bancos registran la cuenta que paga el dinero y la cuenta que recibe el dinero cuando un cliente gira un cheque (p.68)

classical economics [economía clásica] concepto de que los mercados libres pueden autoregularse (pág. 64)

collective bargaining [negociación colectiva] proceso mediante el cual los representantes de los sindicatos y la empresa negocian un nuevo contracto laboral (pág. 38)

communism [comunismo] sistema político con una economía de planificación central donde todos los poderes económicos y políticos residen en el gobierno central (pág. 8)

comparative advantage [ventaja comparativa] capacidad que tiene una persona o país para producir un bien con un costo de oportunidad más bajo que el de otra persona o país (pág. 72)

competition [competencia] lucha entre los productores por conseguir el dinero de los consumidores (pág. 7)

complements [complementos] dos bienes que se compran y se utilizan juntos (pág. 17)

cooperative [cooperativa] organización de negocios que es de propiedad de un grupo de personas quienes se encargan de manejarla para beneficio común del grupo (pág. 36)

conglomerate [conglomerado] combinación de negocios que une tres o más empresas que hacen productos que no guardan ninguna relación entre sí (pág. 35)

Congressional Budget Office [Oficina Parlamentaria del Presupuesto] dependencia del gobierno que proporciona datos económicos al Congreso (pág. 63)

consumer cooperative [cooperativa de consumidores] tienda detallista de propiedad de los consumidores, quienes la manejan (pág. 36)

Consumer Price Index (CPI) [índice de precios al consumidor (IPC)] índice de precios que se determina al medir los precios de la "canasta familiar", una colección representativa de los bienes y servicios que utiliza el consumidor urbano típico (pág. 55)

contingent employment [empleo contingente] trabajos temporales o de tiempo parcial (pág. 40)

continuum [secuencia continua] gama sin divisiones claras (pág. 9)

contraction [contracción] período de decaída económica notable por una disminución en el PIB real (pág. 51)

contractionary policies [políticas de austeridad] políticas fiscales, tales como la disminución de gastos y el aumento de impuestos, con el fin de reducir el crecimiento económico (pág. 63)

corporate bond [bono empresarial] bono que emite una empresa con el fin de recaudar dinero para ampliar sus negocios (pág. 47)

corporation [sociedad anónima] entidad jurídica que es de propiedad de accionistas individuales (pág. 35)

cost-push theory [teoría del impulso de los costos] teoría que dice que la inflación resulta cuando los productores suben los precios para pagar aumentos en los salarios de los trabajadores y la materia prima (pág. 55)

craft union [sindicato profesional] organización de trabajadores dedicados a un mismo oficio o profesión (pág. 38)

currency [moneda corriente] moneda y papel billete que se usan como dinero (pág. 42)

cyclical unemployment [desempleo cíclico] desempleo que ocurre durante las recesiones económicas, cuyo nivel cae al mejorar la economía (pág. 54)

D

debt rescheduling [reestructuración de la deuda] ampliación del plazo para el pago de la deuda o perdonar parte del préstamo (pág. 78)

deductions [deducciones] cantidades variables que se pueden restar de los ingresos brutos (pág. 59)

demand curve [curva de demanda] línea en una gráfica que ilustra las cantidades que demandarían a cada precio los consumidores en el mercado (pág. 16)

demand-pull theory [teoría de la presión de la demanda] teoría que la inflación resulta cuando la demanda de bienes y servicios sobrepasa la oferta existente (pág. 55)

depreciation [devaluación] disminución del valor de la moneda de un país (pág. 74)

depression [depresión] recesión prolongada y muy severa (pág. 51)

deregulation [liberalización] eliminación o reducción de los controles que el gobierno ha impuesto sobre la producción, los precios o la entrada a un mercado (pág. 31)

developed nation [país desarrollado] país que goza de un nivel promedio más alto de bienestar material (pág. 76)

development [desarrollo] proceso mediante el cual un país mejora el bienestar económico, político y social de su gente (pág. 76)

diminishing marginal returns [disminución en el rendimiento marginal] nivel de producción en el cual el producto marginal disminuye con nuevas inversiones (pág. 21)

discount rate [tasa de descuento] tasa de interés que el Sistema de la Reserva Federal cobra por los préstamos de emergencia a los bancos (pág. 68)

discretionary spending [gasto discrecional] categoría de gastos cuyo desembolso se deja a criterio de los planificadores gubernamentales (pág. 60)

disequilibrium [desequilibrio] término que describe cualquier precio o cantidad que no está en equilibrio; cuando la cantidad que se ofrece no es igual a la cantidad que se demanda en un mercado (pág. 24)

diversification [diversificación] concepto de distribuir las inversiones para reducir el riesgo (pág. 46)

Dow, the [índice Dow] Índice promedio de acciones industriales Dow Jones, un índice que mide el desempeño de ciertas acciones en la Bolsa de Valores de Nueva York (pág. 48)

E

easy money policy [política de dinero liberal] política monetaria que aumenta la moneda circulante (pág. 70)

economic system [sistema económico] método que emplea una sociedad para producir y distribuir bienes y servicios (pág. 6)

efficiency [eficiencia] uso de los recursos de tal manera que se maximice la producción de bienes y servicios (pág. 4)

elastic [elástica] describe la demanda que es altamente responsiva a los cambios en los precios (pág. 18)

elasticity of demand [elasticidad de la demanda] término que usan los economistas para describir la forma en que la gente responde a los cambios en los precios (pág. 18)

elasticity of supply [elasticidad de la oferta] medida de cómo la cantidad de la oferta reacciona respecto a un cambio en el precio (pág. 20)

enterprise zones [zonas de iniciativa] regiones donde se pueden establecer empresas sin pagar ciertos impuestos locales, estatales y federales ni tener ciertas restricciones (pág. 56)

entitlement [derecho de ayuda social] programa de bienestar social al cual tienen "derecho" las personas que reúnen ciertos requisitos de edad o nivel de ingresos (pág. 60)

entrepreneurs [empresarios] personas que juntan tierra, trabajo y capital para crear negocios nuevos (pág. 2)

equilibrium [equilibrio] punto en el cual la cantidad que se ofrece y la cantidad que se demanda son iguales (pág. 24)

equilibrium wage [salario de equilibrio] tarifa salarial que no produce ni un exceso en la oferta de trabajadores ni un exceso en la demanda de trabajadores en el mercado laboral (pág. 39)

euro [euro] una misma moneda nueva que reemplaza las monedas individuales de los países europeos miembros de la Unión Europea (pág. 74)

excess demand [exceso de demanda] cuando la cantidad que se demanda es mayor que la cantidad que se ofrece (pág. 24)

excess supply [exceso de oferta] cuando la cantidad que se ofrece es mayor que la cantidad que se demanda (pág. 24)

exchange rate [tipo de cambio] valor de la moneda de un país extranjero en relación con la moneda propia del país (pág. 74)

excise tax [impuesto sobre el consumo] impuesto a la producción o venta de un bien (pág. 22)

expansion [expansión] período de crecimiento económico, medido según un aumento en el PIB real (pág. 51)

expansionary policies [políticas expansionistas] políticas fiscales, tales como aumento de los gastos y reducción de los impuesto, con el fin de estimular el crecimiento económico (pág. 63)

export [exportación] bien que se envía a otro país para la venta (pág. 72)

externality [factor externo] efecto económico secundario que resulta de un bien o servicio, que genera beneficios o costos para alguien que no sea la persona que decide cuánto producir o consumir (pág. 13)

F

factor market [mercado de factores] mercado en el cual las empresas les compran los factores de producción a los hogares (pág. 7)

factors of production [factores de producción] los tres tipos de recursos: tierra, trabajo y capital que se usan para producir bienes y servicios (pág. 2)

federal budget [presupuesto federal] plan que calcula los gastos y renta pública del gobierno federal para el año venidero (pág. 63)

Federal Deposit Insurance Corporation (FDIC) [Federal Deposit Insurance Corporation] dependencia del gobierno que asegura los depósitos de los clientes en caso de que un banco quiebre (pág. 43)

Federal Open Market Committee (FOMC) [Comité Federal del Mercado Abierto] comité de la Reserva Federal que toma las decisiones sobre tasas de interés y crecimiento de la moneda circulante en Estados Unidos (pág. 67)

Federal Reserve Districts [distritos federales regionales] los doce distritos bancarios creados por la Ley de la Reserva Federal (pág. 67)

Federal Reserve System [Sistema de la Reserva Federal] sistema centralizado de la banca en el país (pág. 43)

fiat money [moneda fiduciaria] dinero que tiene valor porque el gobierno declara que es un medio aceptable para el pago de deudas (pág. 42)

FICA [FICA] impuestos que financian el Seguro Social y Medicare bajo la Ley de Contribución al Seguro Federal (pág. 59)

financial intermediaries [intermediarios financieros] instituciones que ayudan a canalizar los fondos entre los ahorradores y los prestatarios (pág. 46)

financial system [sistema financiero] sistema que permite la transferencia de dinero entre los ahorradores y los prestatarios (pág. 46)

fiscal policy [política fiscal] uso por el gobierno de impuestos y gastos con el fin de mantener la estabilidad de la economía (pág. 63)

fixed cost [costo fijo] costo que no cambia, sin importar la cantidad del bien que se produzca (pág. 21)

fixed exchange-rate system [sistema de tipo de cambio fijo] sistema de monedas en el cual los gobiernos colaboran para tratar de mantener los valores de sus monedas constantes entre sí (pág. 74)

flexible exchange-rate system [sistema de tipo de cambio flexible] sistema de divisas que permite que la oferta y la demanda determinen el tipo de cambio (pág. 74)

foreign direct investment (FDI) [inversión externa directa] cuando un extranjero establece una empresa en el país (pág. 78)

foreign exchange market [mercado de divisas] bancos y otras instituciones financieras que ayudan con la venta y la compra de monedas extranjeras (pág. 74)

foreign investment [inversión externa] inversión que proviene de países extranjeros (p.78)

foreign portfolio investment [inversión en carteras exteriores] entrada de fondos al país cuando personas extranjeras hacen compras en las bolsas de valores y bonos del país (pág. 78)

free enterprise [libre empresa] sistema económico que permite llevar a cabo actividades comerciales con poca intervención del gobierno (pág. 9)

frictional unemployment [desempleo friccional] desempleo que ocurre cuando se despiden personas de sus empleos o cuando las personas se toman tiempo libre (pág. 54)

fringe benefit [prestaciones sociales] beneficios que reciben los empleados aparte de sueldos o salarios (pág. 33)

full employment [empleo pleno] nivel de empleo que se alcanza cuando no hay desempleo cíclico (pág. 54)

G

general partnership [sociedad general] sociedad en la cual los socios participan por igual, tanto en la responsabilidad como en las deudas (pág. 34)

glass ceiling [techo de cristal] barrera invisible y extraoficial que impide que las mujeres y las minorías avancen en las empresas dominadas por los hombres blancos (pág. 39)

goods [bienes] objetos como un auto o ropa (pág. 2)

Great Depression [Gran Depresión] la fuerte caída económica que duró del año 1929 hasta aproximadamente 1939 (pág. 43)

gross domestic product (GDP) [producto interno bruto (PIB)] valor total de todos los bienes y servicios terminados que se prducen dentro de las fronteras de un país en un año dado (págs. 14, 50)

gross national product [producto nacional bruto (PNB)] ingresos anuales generados por las compañías y los residentes de Estados Unidos (pág. 50)

guns or butter [rifles o mantequilla] término que los economistas usan para describir las alternativas de un país al decidir si producirá más bienes militares o más bienes de consumo (pág. 3)

H

horizontal merger [fusión horizontal] unión de dos o más empresas que ofrecen los mismos bienes o servicios y que compiten en el mismo mercado (pág. 35)

human capital [capital humano] conocimientos y habilidades que las personas adquieren con el estudio y la experiencia (pág. 2)

hyperinflation [hiperinflación] inflación muy elevada (pág. 65)

I

import [importación] bien que se trae de otro país para la venta (pág. 72)

import quota [cuota de importación] límite de la cantidad de un bien que se puede importar (pág. 73)

income distribution [distribución de los ingresos] manera como se reparten los ingresos totales de un país entre su población total (pág. 56)

income effect [efecto del ingreso] cambio en consumo que resulta del cambio en ingresos reales (pág. 16)

increasing marginal returns [aumento en el rendimiento marginal] nivel de producción en el cual el producto marginal aumenta con inversiones nuevas (pág. 21)

individual income tax [impuesto sobre los ingresos individuales] impuesto sobre los ingresos de una persona (pág. 58)

industrialization [industrialización] organización generalizada de la economía para propósitos de manufactura (p.76)

industrial union [sindicato industrial] organización de trabajadores que están en la misma industria pero que se dedican a diferentes oficios (pág. 38)

inelastic [inelástica] describe la demanda que no es muy responsiva a los cambios en los precios (pág. 18)

infant mortality rate [tasa de mortalidad infantil] número de muertes que ocurre en el primer año de vida por cada 1,000 nacimientos vivos (pág. 76)

inflation [inflación] aumentos en los precios (pág. 55)

inflation rate [índice de inflación] el porcentaje de cambio en los precios con el tiempo (pág. 55)

in-kind benefits [beneficios en especie] bienes y servicios que se dan gratis o a precios muy bajos (pág. 12)

inside lag [retraso interno] demora en la implantación de una política monetaria (pág. 70)

interest [intereses] precio que se paga por usar dinero prestado (pág. 44)

intermediate goods [bienes intermedios] bienes que se utilizan para producir bienes terminados (pág. 50)

internal financing [financiamiento interno] financiamiento que proviene de los ahorros de los ciudadanos del país (pág. 78)

International Monetary Fund (IMF) [Fondo Monetario Internacional (FMI)] organización que se formó para estabilizar las tasas de cambio de dívisas internacionales y fomentar el desarrollo (pág. 78)

investment [inversión] distribución de los recursos para que no los utilicen hoy y puedan producir beneficios en el futuro; uso de activos para percibir ingresos o ganancias (pág. 46)

K

Keynesian economics [economía keynesiana] escuela de pensamiento económico que destaca las acciones del gobierno para fomentar o desanimar la demanda o la producción (pág. 64)

L

labor [trabajo] trabajo por el cual se le paga a una persona (pág. 2)

labor force [fuerza laboral] todas las personas no militares que están empleadas o desempleadas (pág. 39)

labor union [sindicato de trabajadores] organización de trabajadores que procura mejorar las condiciones de trabajo, los salarios y las prestaciones sociales para sus afiliados (pág. 38)

land [tierra] los recursos naturales, como por ejemplo el carbón, el agua y los bosques, que se usan para producir bienes y servicios (pág. 2)

law of comparative advantage [ley de la ventaja comparativa] ley que dice que a los países les va mejor cuando producen aquellos bienes y servicios que implican una ventaja comparativa para ellos (pág. 72)

law of demand [ley de la demanda] ley económica que dice que el precio de un bien tiene un efecto importante sobre la cantidad de dicho bien que la gente comprará. Cuanto más bajo sea el precio, más comprarán las personas. Cuanto más alto sea el precio, menos comprarán las personas. (pág. 16)

law of supply [ley de la oferta] tendencia de los proveedores de ofrecer más de un bien cuando los precios suben (pág. 20)

less developed country [país en vía de desarrollo] nación con un nivel bajo de bienestar material (pág. 76)

liability [responsabilidad] obligación legal de pagar las deudas (pág. 33)

license [licencia] derecho concedido por el gobierno para manejar un negocio (pág. 29)

life expectancy [expectativa de vida] número promedio de años de vida proyectado por persona (pág. 76)

limited liability partnership (LLP) [sociedad de responsabilidad limitada] sociedad en la cual todos los socios tienen una responsabilidad limitada (pág. 34)

limited partnership [sociedad limitada] sociedad en la cual sólo uno de los socios tiene que ser socio general (pág. 34)

liquidity [liquidez] capacidad de usar algo como dinero en efectivo o de convertirlo fácilmente en dinero en efectivo (pág. 44)

literacy rate [tasa de alfabetismo] proporción de personas mayores de 15 años que saben leer y escribir (pág. 76)

M

macroeconomics [macroeconomía] estudio del comportamiento y las decisiones de toda una economía (pág. 14)

malnutrition [desnutrición] nutrición inadecuada (pág. 77)

mandatory spending [gasto obligatorio] desembolsos de ciertos programas que exige la ley (pág. 60)

marginal cost [costo marginal] costo de producir una unidad adicional de un bien (pág. 21)

marginal product of labor [producto marginal de la mano de obra] el cambio en la producción al agregar un trabajador adicional (pág. 21)

marginal revenue [ingreso marginal] ingreso adicional que se obtiene al producir una unidad más del bien; por lo general es equivalente al precio (pág. 21)

market [mercado] manera de organizar las cosas para que los compradores y los vendedores puedan intercambiar sus bienes y servicios (pág. 7)

market basket [canasta familiar] colección representativa de los bienes y servicios (pág. 55)

market economy [economía de mercado] sistema económico en el cual las decisiones se basan en el comercio o intercambio voluntario en mercados (pág. 6)

market failure [falla del mercado] cuando el mercado libre no suministra recursos con eficiencia (pág. 13)

market supply curve [curva de oferta del mercado] gráfica de la cantidad de la oferta de todos los proveedores a todos los precios posibles (pág. 20)

maturity [vencimiento] fecha en la cual hay que pagar al inversionista que compró el bono (pág. 47)

Medicare [Medicare] programa de seguro médico nacional que ayuda a pagar la atención médica para personas mayores de 65 años o para personas con ciertas discapacidades (pág. 59)

medium of exchange [medio de intercambio] cualquier cosa que se use para medir el valor cuando se intercambian bienes y servicios (pág. 42)

merger [fusión] unión de dos o más empresas para formar una sola (pág. 31)

microeconomics [microeconomía] estudio del comportamiento económico de unidades pequeñas, tales como las personas, las familias y las empresas (pág. 14)

minimum wage [salario mínimo] precio mínimo que un empleador puede pagar a un trabajador por una hora de trabajo (pág. 24)

mixed economy [economía mixta] sistema económico que combina elementos de los sistemas económicos tradicional, de mercado y de planificación central (pág. 6)

monetarism [monetarismo] concepto de que la moneda circulante es el factor más importante en el desempeño de la macroeconomía (pág. 70)

monetary policy [política monetaria] medidas que toma el Sistema de la Reserva Federal para influir en el nivel del PIB real y en la tasa de inflación en la economía (pág. 67)

money [dinero] cualquier cosa que sirva como medio de intercambio, como unidad de cuenta y como reserva de valor (pág. 42)

money creation [creación de dinero] proceso mediante el cual dinero ingresa a la economía (pág. 69)

money market [mercado monetario] mercado en el cual el dinero se presta por menos de un año (pág. 47)

money market mutual fund [fondo mutuo del mercado monetario] fondo que reúne dinero de inversionistas pequeños para comprar bonos emitidos por el gobierno o por sociedades anónimas (pág. 44)

money supply [moneda circulante] todo el dinero que hay disponible en la economía de un país (pág. 44)

monopolistic competition [competencia monopolista] estructura de mercado en la que muchas empresas venden productos que son parecidos pero no idénticos (pág. 30)

monopoly [monopolio] mercado dominado por un solo vendedor (pág. 29)

mortgage [hipoteca] tipo de préstamo que se usa para comprar bienes raíces (pág. 44)

multinational corporation (MNC) [empresa multinacional] sociedad anónima grande con sede en un país y subsidiarias alrededor del mundo (pág. 35)

multiplier effect [efecto multiplicador] idea de que el gasto de un dólar crea un cambio de más de un dólar en la actividad económica (pág. 64)

municipal bonds [bonos municipales] bono emitido por un gobierno estatal o local (pág. 47)

mutual fund [fondo mutuo] fondo que se reúne los ahorros de muchas personas e invierte ese dinero en una variedad de acciones y bonos (pág. 46)

N

NAFTA [TLC] tratado que elimina todos los aranceles y otras barreras comerciales entre Estados Unidos, Canadá y México (pág. 73)

national debt [deuda nacional] cantidad total de dinero que el gobierno adeuda a los tenedores de bonos (pág. 65)

national income accounting [contabilidad nacional de ingresos] sistema para recabar estadísticas acerca de ingresos, inversiones y ahorros (pág. 50)

natural monopoly [monopolio natural] mercado que funciona más eficientemente cuando una empresa grande se encarga de toda la producción (pág. 29)

need [necesidad] algo que las personas tienen que tener para sobrevivir, como aire, alimento y techo (pág. 2)

nonprice competition [competencia en aspectos diferentes al precio] maneras de atraer clientes que no sean por medio de precios más bajos, pero por medio de estilo, servicio o ubicación (pág. 30)

nonprofit organization [organización sin fines de lucro] institución que funciona de manera muy similar a los negocios pero no tiene como meta obtener utilidades (pág. 36)

O

Office of Management and Budget (OMB) [Oficina de Administración y Presupuesto] dependencia del gobierno que maneja el presupuesto federal (pág. 63)

oligopoly [oligopolio] estructura de mercado en la cual unas pocas empresas grandes dominan el mercado (pág. 30)

open market operations [operaciones de mercado abierto] compra y venta de títulos valores del gobierno para modificar la moneda circulante (pág. 69)

operating budget [presupuesto de explotación] presupuesto para los gastos diarios (pág. 61)

opportunity cost [costo de oportunidad] la mejor alternativa que se deja de lado como resultado de una decisión (pág. 3)

outside lag [retraso externo] lapso de tiempo antes de que la política monetaria produzca un efecto (pág. 70)

P

partnership [sociedad] organización de negocios de propiedad de dos o más personas que deciden cómo se distribuyen las ganancias y las responsabilidades (pág. 34)

par value [valor nominal] monto que el inversionista paga para comprar un bono y que será devuelto al inversionista al vencimiento (pág. 47)

patent [patente] licencia que le da al inventor de un producto nuevo el derecho exclusivo de venderlo durante un lapso de tiempo dado (pág. 29)

peak [pico] punto máximo de la expansión económica, cuando el PIB deja de aumentar (pág. 51)

per capita gross domestic product (per capita GDP) [producto interno bruto per cápita (PIB per cápita)] producto interno bruto (PIB) de una nación dividido entre su población total (p.76)

perfect competition [competencia perfecta] estructura del mercado en la cual un gran número de empresas hacen el mismo producto (pág. 28)

personal property [bienes muebles] bienes personales tales como joyas, mobiliario y lanchas (pág. 61)

physical capital [capital físico] objetos hechos por las personas, como los edificios y las herramientas, que se usan para producir bienes y servicios (pág. 2)

population growth rate [tasa de crecimiento de la población] aumento en la población de un país durante un año dado (pág. 77)

poverty rate [índice de pobreza] porcentaje de personas que viven en hogares clasificados por debajo del umbral de pobreza oficial (pág. 56)

poverty threshold [umbral de pobreza] nivel de ingresos por debajo de lo necesario para mantener un hogar o una familia (pág. 56)

predatory pricing [precios predatorios] fijación del precio de un producto por debajo del costo a fin de sacar a los competidores del mercado (pág. 31)

price ceiling [precio tope] precio máximo que se puede cobrar por un bien o servicio (pág. 24)

price fixing [fijación oligopolítica de precios] acuerdo entre empresas de vender el mismo bien al mismo precio o a precios muy similares (pág. 30)

price floor [precio mínimo] precio mínimo que se tiene que cobrar por un bien o servicio (pág. 24)

price index [índice de precios] medida que indica cómo el precio promedio de cierto conjunto de bienes cambia con el tiempo (pág. 55)

price level [nivel de precios] promedio de todos los precios en la economía (pág. 50)

principal [capital] suma de dinero que se toma en préstamo (pág. 44)

private sector [sector privado] la parte de la economía que tiene que ver con transacciones efectuadas por los individuos y los negocios (pág. 13)

privatization [privatización] venta o transferencia de empresas de propiedad del estado a individuos (pág. 79)

producer cooperative [cooperativa de productores] cooperativa de comercialización agrícola que les ayuda a sus afiliados a vender sus productos (pág. 36)

production possibilities frontier [frontera de posibilidades de producción] línea en la gráfica de posibilidades de producción que muestra la producción máxima posible (pág. 4)

production possibilities graph [gráfica de posibilidades de producción] gráfica que muestra distintas maneras de usar los recursos de un país (pág. 4)

productivity [productividad] nivel de producción alcanzado (pág. 39)

product market [mercado de productos] mercado en el cual los hogares les compran a las empresas los bienes y servicios que han producido (pág. 7)

professional labor [trabajadores profesionales] empleos que requieren de educación y destrezas avanzadas (pág. 39)

progressive tax [impuesto progresivo] impuesto en el cual el porcentaje de ingresos que se paga en impuestos aumenta en la medida en que se sube el nivel de ingresos (pág. 58)

proportional tax [impuesto proporcional] impuesto en el cual el porcentaje de ingresos que se paga en impuestos es el mismo para todos los niveles de ingresos (pág. 58)

protectionism [proteccionismo] uso de restricciones comerciales para proteger las industrias de un país de la competencia externa (pág. 73)

public disclosure laws [leyes de divulgación al público] leyes que obligan a las empresas a hacer conocer información sobre sus productos (pág. 11)

public good [bien público] bien o servicio compartido por el cual los consumidores no pagan individualmente porque esto sería ineficiente o poco práctico (pág. 13)

public interest [interés público] asuntos de interés al pueblo en general (pág. 11)

public policy [políticas oficiales] leyes y normas sobre asuntos de interés público (pág. 11)

public sector [sector público] la parte de la economía que tiene que ver con transacciones efectuadas por el gobierno (pág. 13)

purchasing power [poder adquisitivo] capacidad de comprar bienes y servicios (pág. 55)

Q

quantity theory [teoría de la cantidad] teoría que dice que el exceso de dinero en la economía produce inflación (pág. 55)

R

rationing [racionamiento] sistema de distribución de bienes y servicios escasos que utiliza criterios que no sean el precio (pág. 26)

real GDP [PIB real] el PIB expresado en precios constantes, es decir, precios que no cambian (pág. 50)

real GDP per capita [PIB real per cápita] el PIB real dividido entre la población total (pág. 52)

real property [bienes inmuebles] bienes físicos, tales como terrenos y edificios (pág. 61)

recession [recesión] una contracción económica prolongada (pág. 51)

regressive tax [impuesto regresivo] impuesto en el cual el porcentaje de ingresos que se paga en impuestos disminuye en la medida en que se sube de nivel los ingresos (pág. 58)

regulation [reglamentación] cuando el gobierno toma medidas para controlar la producción de un bien (pág. 22)

representative money [moneda representativa] objeto de valor que el portador puede intercambiar por otra cosa de valor (pág. 42)

required reserve ratio (RRR) [reserva obligatoria] proporción de reservas a depósitos que exige la Reserva Federal a los bancos (pág. 69)

return [rendimiento] el dinero que recibe un inversionista encima de la suma de dinero que invirtió inicialmente (pág. 46)

revenue [renta pública] ingresos que recibe el gobierno tanto de los impuestos como de otras fuentes que no sean impuestos (pág. 58)

S

sales tax [impuesto de ventas] impuesto sobre el valor monetario del bien o servicio que se está vendiendo (pág. 58)

saving [ahorro] ingreso que no se usa para consumo (pág. 52)

savings bond [bono de ahorro] bono emitido por el gobierno de Estados Unidos (pág. 47)

savings rate [tasa de ahorro] la relación entre el ingreso que se desembolsa y el ingreso disponible que se ahorra (pág. 52)

scarcity [escasez] las cantidades limitadas de bienes y servicios en el mundo (pág. 2)

seasonal unemployment [desempleo estacional] desempleo que resulta de una cosecha o temporada de fiestas o cuando las industrias reducen su ritmo de producción o cierran por una temporada (pág. 54)

self-interest [interés propio] el beneficio propio de uno mismo como individuo (pág. 7)

semi-skilled labor [trabajadores semicalificados] empleos que requieren de un mínimo de educación y destrezas especializadas (pág. 39)

service cooperative [cooperativa de servicio] cooperativa que presta un servicio en vez de vender bienes (pág. 36)

services [servicios] acciones que unas personas hacen para otras, como enseñar a alumnos o cuidar de los enfermos (pág. 2)

shortage [escasez] cuando la cantidad de la demanda es mayor que la cantidad de la oferta (págs. 2, 25)

skilled labor [trabajadores calificados] empleos que requieren de educación y destrezas especializadas (pág. 39)

socialism [socialismo] filosofía social y política que dice que se deben usar medidas democráticas para distribuir con igualdad el patrimonio de la sociedad (pág. 8)

Social Security [Seguro Social] programa del gobierno federal conocido oficialmente como "Old-Age, Survivors, and Disability Insurance (OASDI)" (pág. 59)

sole proprietorship [empresa unipersonal] empresa en la que una sola persona es propietaria y encargada del manejo del negocio (pág. 33)

special economic zones [zonas económicas especiales] regiones específicas en las que se fomenta la inversión extranjera (pág. 79)

speculation [especulación] la práctica de hacer inversiones de alto riesgo con dineros prestados, con la esperanza de lograr grandes ganancias (pág. 48)

spillover costs [costos secundarios] costos de producción que afectan a personas que no tienen ningún control sobre la manera de producir el bien (pág. 26)

standard of living [estándar de vida] nivel de prosperidad (pág. 6)

start up costs [costos iniciales] gastos que un negocio tiene que pagar antes de poder comenzar a producir y vender productos (pág. 28)

store of value [reserva de valor] algo que conserva el valor cuando uno lo guarda en lugar de usarlo (pág. 42)

strike [huelga] suspensión del trabajo organizada para obligar a un empleador a responder a las reivindicaciones (demandas) del sindicato (pág. 38)

structural unemployment [desempleo estructural] desempleo que ocurre cuando las destrezas de los trabajadores no concuerdan con los empleos que hay disponibles (pág. 54)

subsidy [subsidio] pago del gobierno para darle apoyo a un negocio o mercado (pág. 22)

subsistence agriculture [agricultura de subsistencia] nivel agrícola en el que cada persona cultiva sólo lo que necesita para alimentar a su familia (pág. 76)

substitutes [sustitutos] bienes que se usan en lugar de otros (pág. 17)

substitution effect [efecto de sustitución] reacción de los consumidores a un aumento en el precio de un bien al consumir menos de dicho bien y más de otros bienes (pág. 16)

supply shock [impacto de la oferta] escasez repentina de un bien (pág. 26)

supply-side economics [economía de la oferta] una escuela de pensamiento económico que sostiene que bajar los impuestos ayuda a la economía porque resulta en un aumento de la producción (pág. 64)

surplus [superávit] situación en la cual la cantidad que se ofrece es mayor que la cantidad que se demanda; exceso de oferta (pág. 25)

T

tariff [arancel] impuesto con que se gravan los bienes importados (pág. 73)

tax [impuesto] pago que exige el gobierno local, estatal o nacional (pág. 58)

taxable income [ingresos gravables] ingresos sobre los cuales se tienen que pagar impuestos; ingresos totales menos exenciones y deducciones (pág. 59)

tax assessor [tasador] funcionario que determina el valor de los inmuebles (pág. 61)

tax base [base impositiva] ingresos, inmuebles, bienes o servicios que están sujetos a impuesto (pág. 58)

tax return [declaración de impuestos] planilla que se usa para declarar al gobierno los impuestos sobre los ingresos (pág. 59)

technological progress [progreso tecnológico] aumento en la eficiencia que se logra al producir más sin consumir más (pág. 52)

technology [tecnología] proceso que se emplea para producir un bien o prestar un servicio (pág. 14)

thinking at the margin [pensar en los márgenes] decidir cuánto cuesta agregar o restar una unidad de un recurso (pág. 3)

tight money policy [política de dinero restringida] política monetaria que reduce la moneda circulante (pág. 70)

total cost [costo total] los costos fijos más los costos variables (pág. 21)

total revenue [ingresos totales] la cantidad de dinero que una compañía recibe al vender sus bienes (pág. 18)

trade association [asociación gremial] organización sin fines de lucro que promueve los intereses de una industria específica (pág. 36)

trade barrier [barrera comercial] una manera de impedir que un producto o servicio extranjero entre libremente al territorio de un país (pág. 73)

trade deficit [déficit comercial] resultado cuando un país importa más de lo que exporta (pág. 74)

trade-offs [alternativas] alternativas que la persona tiene ante si cuando toma una decisión (pág. 3)

trade surplus [superávit comercial] resultado cuando un país exporta más de lo que importa (pág. 74)

trade war [guerra de comercio] ciclo que ocurre cuando un país limita las importaciones y otro país con el que comercia impone sus propias restricciones (pág. 73)

traditional economy [economía tradicional] economía en la cual la mayoría de las decisiones económicas se basan en las costumbres de la gente y son pocas las innovaciones y los cambios (pág. 6)

transition [transición] período de cambio (pág. 9)

treasury bonds [bonos del tesoro] bono emitido por el departamento del Tesoro de Estados Unidos (pág. 47)

trough [fondo] punto más bajo en una contracción económica, cuando el PIB deja de disminuir (pág. 51)

U

underemployed [subempleado] trabajar en un empleo donde que no hace uso pleno de las destrezas de uno; o trabajar a tiempo parcial cuando se desea un empleo a tiempo completo (pág. 54)

underutilization [subutilización] uso de menos recursos de los que la economía tiene capacidad de usar (pág. 4)

unemployment rate [índice de desempleo] porcentaje de la fuerza laboral de la nación que está sin trabajo (pág. 54)

United Nations Development Program (UNDP) [Programa de Naciones Unidas para el Desarrollo (PNUD)] programa de Naciones Unidas que se dedica a eliminar la pobreza por medio del desarrollo (pág. 78)

unit of account [unidad de cuenta] manera de comparar entre sí los valores de los bienes y servicios (pág. 42)

unskilled labor [trabajadores no calificados] empleos que no requieren de educación ni capacitación ni destrezas especializadas (pág. 39)

V

variable cost [costo variable] costo que sube o baja según la cantidad del bien que se produzca (pág. 21)

vertical merger [fusión vertical] unión de dos o más empresas que funcionan en diferentes etapas en la producción del mismo bien o servicio (pág. 35)

voluntary export restraint [restricción voluntaria a las exportaciones] límite que un país se impone en cuanto a la cantidad de exportaciones que manda a otro país (pág. 73)

W

wage-price spiral [espiral de salarios y precios] proceso en el cual los aumentos en los salarios hacen subir los precios y los aumentos en los precios hacen subir los salarios (pág. 55)

want [deseo] algo que se quisiera tener pero que no es indispensable para sobrevivir (pág. 2)

welfare [asistencia social] ayuda del gobierno a los pobres para su bienestar (pág. 12)

withholding [retención directa] retención de los impuestos del pago del empleado antes de que la persona lo reciba (pág. 59)

work ethic [ética de trabajo] sistema de valores que le da importancia fundamental al trabajo (pág. 79)

World Bank [Banco Mundial] el mayor proveedor de asistencia para el desarrollo (pág. 78)

World Trade Organization (WTO) [Organización Mundial del Comercio (OMC)] organización mundial que tiene como meta reducir los aranceles y hacer que el comercio global sea más libre (pág. 73)

ÍNDICE

A
advertising, (publicidad) 17
AFL-CIO, (AFL-CIO) 38
African Americans, (afroamericanos) 56
aggregate demand, (demanda agregada) 50
aggregate supply, (oferta agregada) 50
American Federation of Labor (AFL), [Federación Estadounidense de Trabajadores] 38
antitrust laws, (leyes antimonopolio) 31
appreciation, (valorización) 74
appropriations bills, (proyectos de ley de asignación de fondos) 63
arable land, (tierra cultivable) 77
assets, (activos) 34, 47
Australia, (Australia) 76
Automated Teller Machine (ATM), (cajero automático) 44
automobile industry, (industria automotriz) 72

B
balance of trade, (balance comercial) 74
balanced budget, (presupuesto equilibrado) 61, 65
bank, (banca) 43–44
Bank of the United States, (Banco de Estados Unidos) 43
barriers to entry, (barreras al ingreso) 28–30
bear market, (tendencia a la baja) 48
Board of Governors, (Junta de gobernadores) 67
bonds, (bonos) 35, 47
budget deficit, (déficit presupuestario) 65
budget surplus, (superávit presupuestario) 65
bull market, (tendencia al alza) 48
business cycle, (ciclo de negocios) 14, 51, 63, 70
business franchise, (franquicia comercial) 36
business organization, (organización de negocios) 33–36

C
Canada, (Canadá) 73
capital, (capital) 2
capital budget, (presupuesto de capital) 61
capital deepening, (profundización del capital) 52
capital gain, (ganancia de capital) 48
capital loss, (pérdida de capital) 48
capital market, (mercado de capital) 47
cash transfers, (transferencias de dinero) 12
Census Bureau, U.S., (Oficina del Censo de Estados Unidos) 56
central bank, (banco central) 43
centrally planned economy, (economía de planificación central) 6, 8, 9, 26, 79
certificate of deposit, (certificado de depósito) 47
charter (carta de constitución), 43
check clearing, (canje de cheques) 68
China (China), 9, 79
Civil War (Guerra Civil), 43
classical economics, (economía clásica) 64
collective bargaining, (negociación colectiva) 38
Commerce, Department of, (Departamento de Comercio) 50
communism, (comunismo) 8, 79
comparative advantage, (ventaja comparativa) 72
competition, (competencia) 7, 28–31
complements, (complementos) 17
computer, (computadora) 44
conglomerate, (conglomerado) 35
Congress of Industrial Organizations (CIO), (Congreso de Organizaciones Industriales) 38
Congress, U.S., (Congreso de Estados Unidos) 31, 38, 39, 43, 58, 63, 65, 67
Congressional Budget Office, (Oficina Parlamentaria del Presupuesto) 63
Constitution, U.S., (Constitución de Estados Unidos) 58, 65
consumer cooperative, (cooperativas de consumidores) 36
consumer demand, (demanda de los consumidores) 17
Consumer Price Index (CPI), [Índice de precios al consumidor (IPC)] 55
contingent employment, (empleo contingente) 40
continuum, (secuencia continua) 9
contraction, (contracción) 51
contractionary policies, (políticas de austeridad) 63
cooperative, (cooperativa) 36
copyright, (derechos intelectuales) 14
corporate bonds, (bonos empresariales) 47
corporate taxes, (impuestos a las sociedades anónimas) 59, 61
corporation, (sociedad anónima) 35, 47–48, 59
cost of production, (costo de la producción) 21
cost-push theory, (teoría del impulso de los costos) 55
craft union, (sindicatos profesionales) 38
currency, (moneda corriente) 42, 74
cyclical unemployment, (desempleo cíclico) 54

D
debt rescheduling, (reestructuración de la deuda) 78
deductions, (deducciones) 59
defense spending (gastos de defensa militar), 60
demand, (demanda) 16–18, 24
demand curve, (curva de demanda) 16, 17, 25
demand-pull theory, (teoría de la presión de la demanda) 55
depression, (depresión) 51
deregulation, (liberalización) 31
devaluation, (devaluación) 74
developed nations, (países desarrollados) 76
development, (desarrollo) 76
diminishing marginal returns, (disminución en el rendimiento marginal) 21
discount rate, (tasa de descuento) 68, 69
discretionary spending, (gasto discrecional) 60
discrimination, (discriminación) 39, 56
disequilibrium, (desequilibrio) 24, 25
diversification, (diversificación) 46
dividend, (dividendo) 48
Dow Jones Industrial Average, (Índice Promedio de Acciones Industriales Dow Jones) 48

E
easy money policy, (política de dinero liberal) 70
economic systems, (sistemas económicos) 6–9
Edison, Thomas, (Tomás Edison) 14
education, (educación) 13, 40, 56, 60, 61, 77
efficiency, (eficiencia) 4

elastic demand, (demanda elástica) 18
elasticity of demand, (elasticidad de la demanda) 18
elasticity of supply, (elasticidad de la oferta) 20
enterprise zones, (zonas de iniciativa) 56
entitlement, (derechos de ayuda social) 60
entrepreneur, (empresario) 2, 33
Environmental Protection Agency (EPA), [Secretaría de Protección Ambiental (EPA)] 11
equilibrium, (equilibrio) 24–25
equilibrium wage, (salario de equilibrio) 39
Euro, (Euro) 74
European Union, (Unión Europea) 74
excess demand, (exceso de demanda) 24
excess supply, (exceso de oferta) 24
exchange rate, (tipo de cambio) 74
excise tax, (impuesto sobre el consumo) 22, 61
exemption, (exención) 59
expansion, (expansión) 51
expansionary policies, (políticas expansionistas) 63
export, (exportación) 72
externality, (factor externo) 13

F

factor market, (mercado de factores) 7
factors of production, (factores de producción) 2
federal budget, (presupuesto federal) 63
Federal Deposit Insurance Corporation (FDIC), (Federal Deposit Insurance Corporation) 43
Federal Insurance Contributions Act (FICA), (Ley de Contribución al Seguro Federal) 59
Federal Open Market Committee (FOMC), (Comité Federal del Mercado Abierto) 67
Federal Reserve Act (1913), (Ley de la Reserva Federal) 67
Federal Reserve Bank of New York, (Banco de la Reserva Federal de Nueva York) 68
Federal Reserve district, (distrito regional de la Reserva Federal) 67
Federal Reserve System (The Fed), (Sistema de la Reserva Federal) 43, 67–70
federal revenue, (renta pública) 59, 60
Federal Trade Commission (FTC), (Comisión Federal de Comercio) 31
fiat money, (moneda fiduciaria) 42
financial intermediaries, (intermediarios financieros) 46
financial markets, (mercados financieros) 46–48
financial system, (sistema financiero) 46
fiscal policy, (política fiscal) 63–65
fixed cost, (costo fijo) 21
fixed exchange-rate system, (sistema de tipo de cambio fijo) 74
flexible exchange-rate system, (sistema de tipo de cambio flexible) 74
food stamps, (cupones de alimentos) 60
foreign aid, (ayuda externa) 78
foreign direct investment (FDI), (inversión externa directa) 78
foreign exchange market, (mercado de divisas) 74
foreign investment, (inversión externa) 78
foreign portfolio investment, (inversiones en carteras exteriores) 78
franchise, (franquicia comercial) 36
Free Banking Era, (era de la banca libre) 43
free enterprise, (libre empresa) 9, 11–14, 79
free market, (mercado libre) 7
frictional unemployment, (desempleo friccional) 54
fringe benefits, (prestaciones sociales) 33
full employment, (empleo pleno) 54

G

general partnership, (sociedad general) 34
Germany, (Alemania) 72
glass ceiling, (techo de cristal) 39
goods, (bienes) 2, 13, 40
government bonds, (bonos del gobierno) 65, 69
Great Britain, (Gran Bretaña) 9
Great Crash, (El gran crac) 48
Great Depression, (Gran Depresión) 43, 51, 64, 67
Gross Domestic Product (GDP), [producto interno bruto (PIB)] 14, 50–52, 56, 64
Gross National Product (GNP), [producto nacional bruto (PNB)] 50
guns or butter, (rifles o mantequilla) 3

H

health insurance, (seguro médico) 12, 60
Hong Kong, (Hong Kong) 9
horizontal merger, (fusiones horizontales) 35
human capital, (capital humano) 2, 72, 77
hyperinflation, (hiperinflación) 65

I

import, (importación) 72
import quota, (cuota de importación) 73
income, (ingresos) 40
income distribution, (distribución de los ingresos) 56
income effect, (efecto del ingreso) 16
income tax, (impuestos sobre ingresos) Ver el impuesto específico.
increasing marginal returns, (aumento en el rendimiento marginal) 21
India, (India) 76
individual income tax, (impuesto sobre los ingresos individuales) 58, 59
industrial union, (sindicato industrial) 38
industrialization, (industrialización) 76
inelastic demand, (demanda inelástica) 18
infant mortality rate, (tasa de mortalidad infantil) 76
inflation, (inflación) 22, 55
inflation rate, (índice de inflación) 55, 67
in-kind benefits, (beneficios en especie) 12
inside lag, (retraso interno) 70
interest, (intereses) 44
interest rates, (tasas de interés) 67, 70
intermediate goods, (bienes intermedios) 50
internal financing, (financiamiento interno) 78
International Monetary Fund (IMF), [Fondo Monetario Internacional (FMI)] 78, 79
Internet (Internet), 44
intervention, (intervención) 11
investment, (invertir) 46

J

Japan, (Japón) 72
Justice, Department of, (Departamento de Justicia) 31

K

Keynes, John Maynard, (John Maynard Keynes) 64
Keynesian economics, (economía keynesiana) 64

L

labor, (trabajo) 2, 38–40
labor force, (fuerza laboral) 39
Labor Statistics, Bureau of, (Despacho de Estadísticas Laborales) 54
labor union, (sindicato de trabajadores) 38, 39
land, (tierra) 2

Latinos, (latinos) 56
law of comparative advantage, (ley de la ventaja comparativa) 72
law of demand, (ley de la demanda) 16
law of supply, (ley de la oferta) 20
less developed countries (LDCs), (países en vías de desarrollo) 76–79
liability, (responsabilidad legal) 33–35
license, (licencia) 29
life expectancy, (expectativa de vida) 76
limited liability partnership (LLP), (sociedad de responsabilidad limitada) 34
limited partnership, (sociedad limitada) 34
liquidity, (liquidez) 44
literacy rate, (tasa de alfabetismo) 76, 77
loan, (préstamo) 44
local taxes, (impuestos locales) 61

M

macroeconomics, (macroeconomía) 14
malnutrition, (desnutrición) 77
mandatory spending, (gasto obligatorio) 60
marginal cost, (costo marginal) 21
marginal product of labor, (producto marginal de la mano de obra) 21
marginal returns, (rendimiento marginal) 21
marginal revenue, (ingreso marginal) 21
market, (mercado) 7
market basket, (canasta familiar) 55
market demand curve, (curva de demanda del mercado) 16
market economy, (economía de mercado) 6, 9, 79
market equilibrium, (equilibrio del mercado) 24–25
market failure, (falla del mercado) 13
market structures, (estructuras del mercado) 28–31
market supply curve, (curva de oferta del mercado) 20
maturity, (vencimiento) 47
Medicaid, (Medicaid) 12, 60
Medicare, (Medicare) 12, 59, 60
medium of exchange, (medio de intercambio) 42
merger, (fusión) 31, 35
Mexico, (México)73
microeconomics, (microeconomía) 14
minimum wage, (salario mínimo) 24
minorities, (minorías) 39
mixed economy, (economía mixta) 6, 9
monetarism, (monetarismo) 70
monetary policy, (política monetaria) 67–70
money, (dinero) 42, 69
money creation, (creación de dinero) 69
money market, (mercados monetarios) 47
money market mutual funds, (fondos mutuos del mercado monetario) 44
money supply, (moneda circulante) 44, 68, 69, 70
monopolistic competition, (competencia monopolista) 30
monopoly, (monopolio) 29
mortgage, (hipoteca) 44
multinational corporation (MNC), (empresa multinacional) 35, 78
multiplier effect, (efecto multiplicador) 64
municipal bonds, (bonos municipales) 47
mutual funds, (fondos mutuos) 46–47, 78

N

national debt, (deuda nacional) 65
national income accounting, (contabilidad nacional de ingresos) 50
National Income and Products Accounts (NIPA), (Cuentas de Ingresos y Productos Nacionales) 50
natural monopoly, (monopolio natural) 29
natural resources, (recursos naturales) 2, 72, 77
need, (necesidad) 2
New York Stock Exchange (NYSE), (Bolsa de Valores de Nueva York) 48
nonprice competition, (competencia en aspectos diferentes al precio) 30
nonprofit organizations, (organizaciones sin fines de lucro) 36
North American Free Trade Agreement (NAFTA), [Tratado de Libre Comercio de Norteamérica (TLC)] 73
North Korea, (Corea del Norte) 9

O

Occupational Safety and Health Administration (OSHA), [Administración de Seguridad y Salud Ocupacional] 11
Office of Management and Budget (OMB), (Oficina de Administración y Presupuesto) 63
oligopoly, (oligopolio) 30
open market operations, (operaciones de mercado abierto) 69
operating budget, (presupuesto de explotación) 61
opportunity cost, (costo de oportunidad) 3
outside lag, (retraso externo) 70

P

par value, (valor nominal) 47
partnership, (sociedad) 34
patent, (patentes) 14, 29
peak, (pico) 51
per capita gross domestic product (per capita GDP), [producto interno bruto per cápita (PIB per cápita)] 76
perfect competition, (competencia perfecta) 28
personal property, (bienes muebles) 61
physical capital, (capital físico) 2
pollution, (contaminación) 11, 26
population, (población) 17, 52, 77
population growth rate, (tasa de crecimiento de la población) 77
poverty, (pobreza) 56
poverty rate, (índice de pobreza) 56
poverty threshold, (umbral de pobreza) 12, 56
predatory pricing, (precios predatorios) 31
President, U.S., (Presidente de Estados Unidos) 63
price ceiling, (precio tope) 24
price controls, (control de precios) 79
price fixing, (fijación oligopolítica de precios) 30
price floor, (precio mínimo) 24
price index, (índice de precios) 55
price level, (nivel de precios) 50
prices, (precios) 16, 18, 24–26, 55
principal, (capital) 44
private property rights, (derechos de propiedad privada)79
private sector, (sector privado) 13
privatization, (privatización) 79
producer cooperative, (cooperativas de productores) 36
product market, (mercado de productos) 7
production, costs of, (costos de producción) 21
production possibilities frontier, (frontera de posibilidades de producción) 4
production possibilities graph, (gráfica de posibilidades de producción) 4

productivity, (productividad) 39
professional labor, (trabajadores profesionales) 39
profit, (ganancia) 21
progressive tax, (impuesto progresivo) 58
property taxes, (impuestos sobre los bienes inmuebles) 61
proportional tax, (impuesto proporcional) 58
protectionism, (proteccionismo) 73
public disclosure law, (leyes de divulgación al público) 11
public goods, (bienes públicos) 13
public interest,(interés público) 11
public policy, (políticas oficiales) 11
public safety, (orden público) 61
public sector, (sector público) 13
public welfare, (bienestar social) 61
purchasing power, (poder adquisitivo) 55

Q

quantity theory, (teoría de la cantidad) 55

R

rationing, (racionamiento) 26
Reagan, Ronald, (Ronald Reagan) 64
real GDP, (PIB real) 50, 67
real GDP per capita, (PIB real per cápita) 52
real property, (bienes inmuebles) 61
recession, (recesión) 51, 54
regressive tax, (impuesto regresivo) 58
regulation, (reglamentación) 22, 31
representative money, (moneda representativa) 42
required reserve ratio (RRR), (reserva obligatoria) 69
resources, (recursos) 2
return, (rendimiento) 46
revenue, (renta pública) 58
Russia, (Rusia) 79

S

sales tax, (impuesto de ventas) 58, 61
saving, (ahorro) 46, 52
savings bonds, (bonos de ahorro) 47, 65
savings rate, (tasa de ahorro) 52
scarcity, (escasez) 2
seasonal unemployment, (desempleo estacional) 54
self–interest, (interés propio) 7
semiskilled labor, (trabajadores semicalificados) 39
service cooperative, (cooperativa de servicio) 36
services, (servicios) 2, 13, 40
shortage, (escasez) 2, 25
Sixteenth Amendment, (Decimosexta Enmienda) 58
skilled labor, (trabajadores calificados) 39
social role, (papel social) 40
Social Security, (Seguro Social) 12, 59, 60
socialism, (socialismo) 8
sole proprietorship, (empresa unipersonal) 33
Soviet Union, (Unión Soviética) 8, 79
special economic zones, (zonas económicas especiales) 79
spillover costs, (costos secundarios) 26
stability, (estabilidad) 14
standard of living, (estándar de vida) 6, 52
start-up cost, (costos iniciales) 28
state taxes, (impuestos estatales) 61
stock exchange, (bolsa de valores) 28, 48
stock market, (mercados bursátiles) 48
stocks, (acciones) 35
store of value, (reserva de valor) 42
strike, (huelga) 38
structural unemployment, (desempleo estructural) 54
subsidy, (subsidio) 22
subsistence agriculture, (agricultura de subsistencia) 76
substitute, (sustitutos) 17
substitution effect, (efecto de sustitución) 16
Supplemental Security Income (SSI), (Seguro de Ingresos Suplementarios) 60
supply, (oferta) 20–22, 24
supply curve, (curva de la oferta) 20, 25
supply shock, (impacto de la oferta) 26
supply-side economics, (economía de la oferta) 64
surplus, (superávit) 25
Supreme Court, U.S., (Corte Suprema de Estados Unidos) 65

T

tariff, (arancel) 73
tax assessor, (tasador) 61
tax base, (base impositiva) 58
tax return, (declaración de impuestos) 59
taxable income, (ingresos gravables) 59
taxes, (impuestos) 58–61
technological progress, (progreso tecnológico) 52
technology, (tecnología) 14, 25, 28
telephone industry, (industria de telefonía) 29
Temporary Aid to Needy Families (TANF), (Ayuda Temporal a Familias Necesitadas) 12
temporary workers, (trabajadores eventuales) 40
thinking at the margin, (pensar en los márgenes) 3
tight money policy, (política de dinero restringida) 70
total cost, (costo total) 21
total revenue, (ingresos totales) 18
trade, (comercio) 72–74
trade agreements, (acuerdos comerciales) 73
trade association, (asociaciones gremiales) 36
trade barrier, (barreras comerciales) 73
trade deficit, (déficit comercial) 73
trade-off, (alternativas) 3, 11, 46
trade restrictions, (restricciones comerciales) 73
trade surplus, (superávit comercial) 74
trade wars, (guerras de comercio) 73
traditional economy, (economía tradicional) 6, 9
transition, (transición) 9
treasury bonds, (bonos del tesoro) 47
Treasury, Department of, (Departamento del Tesoro) 68
trough, (fondo) 51
truth-in-lending law, (ley de la veracidad en las operaciones de crédito) 68

U

underemployment, (subempleo) 54
underutilization, (subutilización) 4
unemployment, (desempleo) 54–56, 79
unemployment rate, (índice de desempleo) 54
union, (sindicato) 38, 39
unit of account, (unidad de cuenta) 42
United Nations Development Program (UNDP), [Programa de Naciones Unidas para el Desarrollo (PNUD)] 78
United States, (Estados Unidos) 9, 12, 29, 30, 33, 35, 38, 40, 42, 44, 51, 56, 72, 73, 74, 78
United States Savings Bonds, (Bonos de ahorro de Estados Unidos) 47, 65
unskilled labor, (trabajadores no calificados) 39

V

variable cost, (costo variable) 21
vertical merger, (fusiones verticales) 35
voluntary export restraint, (restricción voluntaria a las exportaciones) 73

W

wage discrimination, (discriminación en los salarios) 39
wage-price spiral, (espiral de salarios y precios) 55
want, (deseo) 2
welfare, (asistencia social) 12
withholding tax, (retención directa) 59
women, (mujeres) 39, 40
work ethic, (ética de trabajo) 79
World Bank, (Banco Mundial) 78
World Trade Organization (WTO), [Organización Mundial del Comercio (OMC)] 73